AF368167

EL ARTE DE MEDITAR

Guía práctica según el budismo tibetano

Isidro Gordi

Ediciones Amara

Segunda edición 2021 Ediciones Amara. Ciutadella de Menorca
Publicado por vez primera en 1994 por Ediciones Amara

° 1994 y 2021 Isidro Gordi
° Diseño de portada: Federica Mahieu

Impreso en España/Printed in Spain
Todos los derechos reservados

ISBN: 978-84-95094-76-6
Depósito Legal: ME- 263/2021

Contenido

Prólogo del autor 7
Prefacio de Gueshe Tamding Gyatso 9
Introducción 11
Sidharta Gautama, el Buda 15

Visión **23**
El valioso potencial humano 25
Impermanencia y muerte 26
¿Qué hay después de la muerte? 28
Distintas formas de sufrimiento: realidad externa e interna 31
Protección en la tormenta 34
¿Qué entendemos por desarrollo espiritual? 36
Samsara 44
Karma: tus acciones determinan la calidad de tu vida 46
¿Qué nos impulsa a crear acciones o karma? 49
Renuncia 50
Liberación: salir del samsara 54
El sendero mahayana 57
Las Seis Perfecciones 60
Mantra secreto 62

Meditación **65**
Objetivos de la meditación 67
El arte de meditar 72

Acción **85**
Diversos senderos budistas 87

El Maestro **89**

Maestro, lama, gurú 91

Devoción o idolatría 95

El estudio y el desarrollo interno 97

Sobre las diferentes escuelas o Linajes 101

La iluminación 104

Curso de Estudio 109

Prólogo del autor

El Arte de Meditar es un libro destinado, sobre todo, a las personas nuevas en la teoría y práctica del budismo tibetano y la meditación. Por descontado, no es mi objetivo el aportar ningún conocimiento novedoso o especial a aquellos que ya están estudiando con un auténtico maestro tibetano -lama-.

En el año 1989 publiqué un librito con el nombre *Dharma y Meditación,* un intento de acercar las enseñanzas de Dharma al público no budista, pero interesado en asistir a los cursos que en Menorca impartía y siguió impartiendo mi maestro, Gueshe Tamding Gyatso hasta su partida a la India. El material allí expuesto forma la base de *El Arte de Meditar,* aunque lo he aumentado, revisado y añadido con otros puntos que me han parecido relevantes.

Puesto que me he basado en lo que he escuchado de grandes maestros, seguro que en estas páginas podrán encontrarse algunos consejos útiles. Sin embargo, debido a que carezco de una auténtica experiencia meditativa, deben haber también muchos errores de los cuales sólo yo soy responsable.

Después de más de quince años de estudio y práctica bajo la guía directa de maestros muy elevados, he podido constatar ciertas barreras y obstáculos en la mente de aquellos que desean aprender de un lama. Todas estas barreras culturales, ideológicas y de lenguaje impiden el nivel de comunicación necesario para entrar en un sendero de transformación interior. Mi humilde intención al escribir *El Arte de Meditar* es ayudar a clarificar un poco las típicas malinterpretaciones de aquellos conceptos utilizados por los maestros para mostrar el sendero.

Un agradecimiento sincero a Shanti Gordi por su dedicación mecanografiando el manuscrito del texto y a Marta Moll por su multitud de reflexiones acerca de puntos delicados en el libro y que han ayudado de manera inmejorable a transmitir mi intención de manera mucho más clara.

Un agradecimiento especial a Manuel Gallardo por su labor escaneando la versión no digitalizada de este libro que ha servido de base para poder publicar esta segunda edición.

Cualquier mérito que este trabajo pueda crear lo dedico a la larga vida de todos mis Maestros, especialmente al Ven Gueshe Tamding Gyatso y S. E Dagyab Rimpoché.

Isidro Gordi
Son Gall
Octubre 1994

Prefacio de Gueshe Tamding Gyatso

Mi estudiante Isidro Gordi, poseedor de entusiasmo y sabiduría, ha escrito este libro, *El Arte de Meditar*, con el objeto de introducir de una manera simple y fácil, las elevadas enseñanzas budistas. Es muy recomendable que aquellas personas interesadas en empezar a meditar se inicien con este trabajo. Ofrezco mis oraciones y buenos deseos para que la lectura de este libro abra la mente de los principiantes y les resulte de gran beneficio.

Gueshe Tamding Gyatso

Introducción

¿Qué sucede cuando una persona que siente curiosidad por la meditación budista entra por primera vez en una *gompa* (sala de meditación) tradicional? Tal vez queda impresionada por la sensación de tranquilidad y paz que se respira en el ambiente, pero también puede ocurrir todo lo contrario. Es muy posible que le asalte un sentimiento de desconfianza, de temor a que alguien pueda, de repente, controlar su vida. Un montón de preguntas se agolpan en su mente, ¿qué son estas imágenes grabadas en la pared? ¿Qué necesidad hay de tener un altar para meditar? ¿No es todo esto una superstición? Sin saber exactamente por qué, el neófito construye un muro de protección a su alrededor y no se da cuenta de que dificulta de este modo su capacidad de recepción.

Pasados unos minutos, el lama (maestro budista) hace su aparición en la sala y, ceremoniosamente, se coloca frente al altar para hacer tres postraciones. A continuación, toma asiento en un trono situado por encima del nivel de la audiencia, sus estudiantes esperan respetuosamente a que esté sentado y se postran tres veces ante el maestro. Después se sientan en el suelo con las piernas cruzadas y, juntos, recitan en voz alta unas oraciones. A esto le seguirán unos minutos de meditación en la respiración destinada a disponer la mente de la mejor manera para escuchar las enseñanzas que va a dar el lama ese día.

A estas alturas, el principiante que solo pretendía aprender a meditar para calmar su estrés, evitar la depresión o, sencillamente, tener una nueva experiencia, está tentado de levantarse y salir corriendo de la sala.

Para mayor desespero, el lama es tibetano y no conoce el idioma. La lentitud de la traducción, añadida a una terminología totalmente incomprensible, acaba de aturdirle e incluso bosteza de aburrimiento. Escucha palabras como karma, Buda, Dharma, Tres Joyas, refugio, bodhichita, vacuidad... sin tener la menor idea de lo que significan. Aunque intuye que detrás de las palabras del lama hay un mar de sabiduría, no puede evitar sentirse decepcionado. Él o ella solo quieren meditar.

Pero, en realidad, el problema no está en el lama, ni en el altar, el trono o las postraciones, sino en las expectativas del principiante. ¿Qué entiende por meditación? ¿Para qué cree que sirve? ¿A dónde desea que le conduzca?

Con la intención de derrumbar posibles equívocos al respecto, intentaré transmitir en un lenguaje llano y poco sofisticado, la esencia del sendero budista.

Para entender lo que es la meditación no basta con cerrar los ojos y dejarnos llevar, sino que hay todo un legado de instrucciones precisas y concretas que son necesarias para extraer un significado de esta práctica. La meditación no es una tarea fácil y si queremos profundizar en ella hasta llegar a convertirla en arte, necesitamos un maestro cualificado.

Quién no se ha encontrado alguna vez con que, al ir al médico, ha tenido que escuchar pacientemente una explicación referente a su dolencia en términos casi incomprensibles. Pero consciente de que sus conocimientos de medicina son muy inferiores a los del médico, ha escuchado con interés su disertación y ha tomado el remedio prescrito, confiando en la experiencia del profesional. Como el médico, el lama utiliza un lenguaje particular con el que debemos familiarizarnos si deseamos aprender de su conocimiento. Si para solucionar un problema físico nos ponemos en manos de un médico, ¿por qué mostrar reticencia ante alguien que puede dar una respuesta a nuestras inquietudes espirituales?

Al escuchar a un lama tibetano, debemos adoptar una

actitud paciente e ir extrayendo de sus enseñanzas todo aquello que puede sernos útil en nuestra vida diaria.

Todos los interrogantes que se abren al entrar por vez primera en una gompa o sala de meditación se responden a medida que profundizamos en el significado de las enseñanzas.

En la tradición tibetana, las enseñanzas se exponen según tres aspectos: visión o punto de vista, meditación y acción.

La visión puede definirse como una descripción de la realidad que nos envuelve, tal y como es y no tal como la percibimos. Esta visión desafía viejos y arraigados conceptos erróneos sobre temas como la importancia personal, la incertidumbre de la vida y la muerte o la necesidad de observar una conducta ética correcta. Con el ánimo de afianzarnos en esta realidad más auténtica, escuchamos una y otra vez las enseñanzas y, puesto que lo escuchado va a ser nuestro objeto de meditación, es de vital importancia mantener una actitud abierta y receptiva al recibirlas.

Meditar es familiarizar la mente con un objeto virtuoso. Consiste en enfocar nuestra atención sobre visiones correctas y beneficiosas, fruto de la escucha, hasta tener una experiencia interior de las mismas.

Al repetir reiteradamente este proceso hacemos posible la transformación de nuestra mente. Vamos soltando viejas ideas, como si fueran las escamas de un lagarto que muda su piel, para dar paso a una visión más acorde con la realidad.

Pero, ¿por qué es necesaria esta transformación? Generalmente, los hábitos y esquemas mentales que rigen nuestras vidas nos producen malestar e insatisfacción, a pesar de que el deseo común de todos los individuos es ser felices. Es una gran contradicción, hacemos enormes esfuerzos por ser felices pero en nuestra vida hay más momentos amargos que de verdadera felicidad.

Shakyamuni Buda fue un hombre como cualquiera hasta

que descubrió que la causa del sufrimiento no estaba fuera, sino que era algo que forma parte de todo ser consciente.

Nada ni nadie puede condenarnos a vivir en la desgracia o regalarnos una existencia dichosa. Cada individuo es el creador de sus propias experiencias. Vivir de acuerdo con esta visión cambiaría radicalmente nuestra actitud frente al mundo que nos rodea haciéndonos personas más libres y responsables de nuestros actos.

Por ello es tan necesario poner énfasis en la meditación, no pensando que conseguiremos poderes sobrenaturales como conocer las mentes de los demás, ser clarividentes o poder levitar, ni siquiera con el convencimiento de que nos convertiremos en personas apacibles, sanas e inmunes a los males de este mundo. Nada de esto constituye el fin de la meditación. En un nivel ordinario como es el nuestro, el objetivo de la meditación no es obtener ninguno de estos logros, sino transformar los aspectos negativos de la mente en actitudes realistas y positivas.

Sidharta Gautama, el Buda

Las enseñanzas del Buda originaron la religión que en occidente es conocida como budismo, aunque, de hecho, esta palabra no existe en los países de Asia donde se sigue practicando. El budismo no encaja en el marco tradicional de una religión tal como la entendemos ya que, más bien, se trata de un sistema psicológico, filosófico, científico y, es cierto, con muchos aspectos religiosos, que no tiene otra finalidad que producir en ti una experiencia interna transformadora.

En general, consideramos una persona religiosa a aquella que tiene una serie de creencias respecto al destino del hombre y a la existencia de un Dios creador. Pero, es muy difícil tener una verdadera experiencia espiritual basada solamente en creencias que no se han constatado, sino que han sido adoptadas por costumbre social o tradición familiar.

El término tibetano para referirse al practicante budista es "ser interior", y un ser interior es aquel que pone en práctica un método basado en la experiencia y no en la creencia. El propio Dalai Lama sostiene que el budismo más que como una religión debería entenderse como 1) una forma de vida, 2) como una ciencia de la mente cuyo estudio implica un 3) comportamiento ético adecuado. Es decir, no se trata tan solo de un conjunto de teorías, sino de un sistema de práctica al que se le da el nombre de Dharma.

De manera simple, la palabra Dharma significa "aquello que protege la mente del sufrimiento". El practicante de Dharma se involucrará en un método interno con el propósito de apartarse a sí mismo del sufrimiento y, desde este estado, poder ayudar a los demás.

El Dharma de Buda que viene practicándose desde hace más de 2.500 años, procede del Buda Shakyamuni, nacido en el seno de una familia real de la India y al que pusieron por nombre Sidharta.

Justo después de su nacimiento, sus padres recibieron la visita en el palacio de un sabio llamado Asita que pedía ver al recién nacido. Después de observarle detenidamente, el meditador le dijo al Rey: "Tu hijo será extraordinario; si decide permanecer a tu lado se convertirá en el monarca más conocido de la historia, pero si decide marcharse su futuro será aún más glorioso, se convertirá en un gran Maestro que enseñará a todas las gentes a vivir en paz y con amor en sus corazones, si ve la tristeza del mundo, dejará tu palacio y se irá en busca de la verdadera felicidad".

Las últimas palabras del anciano dejaron preocupado al Rey pues su mayor deseo era que su hijo le sucediera en el trono. Según relata la historia, para evitar que el príncipe viese la miseria del mundo y decidiese entrar en el sendero espiritual, su padre mandó construir un hermoso palacio rodeado de jardines pero protegido del exterior por grandes murallas. Tanto empeño tenía en ocultarle cualquier manifestación de dolor que incluso hacía reemplazar las flores marchitas por otras frescas y hermosas para que el príncipe no las viera.

El joven Sidharta creció rodeado de belleza, siempre había alguien a su alrededor dispuesto a distraerlo, músicos, bailarinas... Llegado el momento tomó esposa y junto a ella siguió disfrutando aquella dicha que se vio culminada con la llegada de un hijo. Pero todo aquello no satisfacía al que iba a convertirse en Buda y, en contra de los deseos de su padre salió del palacio. La primera vez que lo hizo quedo conmovido ante la visión de un anciano decrépito que apenas podía andar. Desde aquel momento su vida en palacio dejó de interesarle, se mostraba triste y abatido. En su segunda salida vio un enfermo y en la tercera un cadáver. A partir de entonces se sumió en un estado de silencio y desencanto que le llevó a salir de nuevo en busca de una respuesta. En esta ocasión vio un hombre semidesnudo con aspecto beatífico. Al interesarse por él supo que se trataba de un renunciante, alguien dedicado a la búsqueda de un camino por el cual resolver los problemas yacentes en las profundidades del ser. Después de este último encuentro, decidió abandonar el palacio y seguir los pasos de aquel hombre. Al comunicárselo a su padre, éste muy contrariado, le negó su permiso. Pero Sidharta le habló así: "Amado padre, si me garantizas que no envejeceré, ni enfermaré, ni moriré, me quedaré a tu lado, si no es así, no puedes impedir que me vaya". Su padre no encontró respuesta alguna que darle.

Al llegar la noche, Sidharta abandonó el palacio, a su mujer y a su hijo de corta edad y emprendió la marcha, decidido a volver cuando hubiese encontrado la respuesta a sus dudas.

Cuando dejó su casa tenía veintinueve años y en este tiempo había experimentado todos los placeres que su privilegiada condición le permitía. Durante los seis años siguientes se entregó fervorosamente a la vida austera, llevando a cabo todas las prácticas ascéticas tradicionales de aquella época. Cuando hubo transcurrido este tiempo comprendió que tampoco maltratando su cuerpo hallaría la forma de superar la insatisfacción y decidido a encontrar un camino medio, volvió a alimentarse adecuadamente. En plenitud de facultades físicas se sentó bajo el árbol bodhi donde meditó hasta alcanzar la Iluminación.

Esta es, relatada de una manera muy sencilla, la historia del Buda Shakyamuni. Reflexionando sobre su vida extraemos la esencia del sendero budista: evitar los extremos. No hallaremos la felicidad al indulgir en una vida en la que solo nos interesa y obsesiona lo material, pero tampoco en el otro extremo, reprimiendo nuestros deseos y apartándonos completamente del mundo hallaremos la felicidad. Ninguno de los dos extremos es válido como sendero espiritual. En muchas religiones, y no hace falta buscar muy lejos en la historia, se pensaba que mortificando el cuerpo se liberaba el espíritu. Buda comprendió tras experimentarlo con su propio cuerpo que así el espíritu se esclaviza aún más.

Si observamos la condición existencial del hombre, constatamos ciertas actividades que le son propias ante la vida. Según sean estas actividades o rasgos particulares podemos clasificar un tipo de individuo que se mueve en la dimensión del *tener* y otro que se mueve en la dimensión del *ser*. La actitud del tener es común a casi todos los seres de una manera instintiva; es el ansia de poseer, de manipular. Uno piensa inconscientemente "estoy en el centro del mundo y a mi alrededor hay toda una serie de objetos, personas e ideas que puedo manejar según mi interés".

Esta actitud está enraizada en el pensamiento inarticulado de que poseyendo todas estas cosas uno será más feliz. Según Erich Fromm, hay una fuerte tendencia psicológica en el ser humano que le lleva a creer "soy lo que tengo".

Pero no todo el mundo se contenta con esta visión de la vida. Existe otro tipo de persona a la que le interesa una experiencia de la vida más creativa, desea indagar en su mundo interior y comprender su propia naturaleza. Es plenamente consciente de que la felicidad no existe fuera sino dentro de uno mismo.

Según la actitud del tener, uno busca fuera; en la actitud del ser, lo hace hacia dentro. El objetivo de todo sistema religioso es ayudar a la persona a trasladar el énfasis de su actitud del tener a la del ser. En este sentido, podría decirse que todas las religiones son iguales, pero si se olvida esta premisa, la religión se aleja de las necesidades básicas del hombre y pierde su función. Entonces pasa a ser un ritual externo petrificado y vacío de contenido.

El entorno en el que vivió el príncipe Sidharta era tan estable que le ofrecía dos alternativas posibles: disfrutar de todo el poder y opulencia que desease, o huir de aquel mundo y dedicarse a la búsqueda religiosa.

Estas dos alternativas ya estaban frente a él cuando nació y así se lo anunció Asita a sus padres. En realidad, la profecía del viejo meditador era una indicación de los dos caminos que cualquier hombre puede seguir: tener o ser. Los valores del padre claramente estaban en la dimensión del tener, por ello puso el máximo empeño en evitar que su hijo no despertara a la dimensión del ser. El Rey encarna la imposición de los valores de una sociedad orientada hacia lo material.

Es fácil pensar que Sidharta vio a más de un anciano y a más de un enfermo en toda su vida, solo que al fijar su atención constantemente hacia las posibilidades que le ofrecía la esfera del tener, no se detuvo a pensar que aquello tenía que ver con el significado más profundo de su existencia. Pero después de las cuatro visiones que tuvo, tal vez relatadas simbólicamente, en sus salidas de palacio ya no pudo mantener por más tiempo un compromiso entre ambas dimensiones y no tuvo más alternativa que consagrarse a una forma de vida centrada en los principios del ser.

Su partida del palacio simboliza "la renuncia", estado mental de gran trascendencia en la filosofía budista pues describe la transición desde la dimensión del tener a la del ser. La renuncia es el inicio del sendero, cuando el practicante abandona su apego a los valores del tener y despierta a las necesidades del ser. Se suele malinterpretar; no significa que uno deba "abandonar el mundo", "despreciarlo" o "no disfrutar de la vida", sino más bien alude a un cambio interno de perspectiva en que renuncias al origen y causa de todo sinsabor: la ignorancia, el apego y al enfado u odio que pululan en tu interior. Es una determinación que se podría articular así: "voy a dedicar como punto primordial de mi vida a minimizar, cortar y erradicar los tres venenos antes mencionados".

La imagen del palacio donde todo era belleza es un reflejo incluso de lo que sucede en sociedades consumistas como la nuestra, donde siempre tratamos de rodearnos de objetos y personas bellas, agradables y capaces de proporcionarnos placer. Rechazamos todo lo que amenaza esta forma de vida, apartando de nuestra vista e incluso de nuestra conversación, la enfermedad, la vejez y la muerte. Sin embargo, aunque recluyamos a nuestros ancianos en geriátricos y maquillemos la cara de la muerte, siempre tenemos la posibilidad de abrir nuestros ojos, mirar alrededor y aprovechar estas circunstancias desagradables tal como lo hizo el propio Sidharta.

Cuando a los treinta y cinco años, Sidharta llegó al estado de la Iluminación, se le hicieron evidentes cuatro realidades conocidas como las Cuatro Verdades Nobles. "Verdades" porque son irrefutables, no son una invención del Buda, sino que cualquier ser, con el suficiente estudio y meditación, puede llegar al convencimiento de que existen. Son "Nobles" pues los seres poseedores de un nivel de concentración superior al nuestro pueden percibirlas claramente, sin esfuerzo.

La primera Verdad Noble que descubrió el Buda es que la naturaleza de la existencia de los seres ordinarios es insatisfacción (tib. *dukha*). No obstante, esta insatisfacción no es fortuita, sino que tiene una causa, la segunda Verdad Noble.

La tercera es el método a través del cual acabar con esta causa y dejar de experimentar su resultado. Una vez se desvanece el sufrimiento y su causa se experimenta una felicidad ilimitada y limpia de impurezas: el Nirvana, la cuarta Verdad Noble.

Durante sus más de cuarenta años de enseñanza el Buda mostró el método a través del cual superar el sufrimiento e insatisfacción y obtener la felicidad que no cambia. Este método es la práctica de Dharma y se compone de tres Senderos, también llamados "vehículos": hinayana, mahayana y tantrayana (mantra secreto).

Hinayana o theravada significa vehículo menor, pues el practicante se ocupa exclusivamente de su propia liberación del sufrimiento.

Mahayana significa vehículo superior porque el adepto practica con el objetivo de liberarse a sí mismo para poder ser capaz de hacer lo propio con todos los seres conscientes.

Tantrayana o mantra secreto es la cima de la enseñanza del Buda. Utilizando este vehículo, el practicante sincero puede llegar a la Iluminación en un tiempo muy corto.

Siguiendo con la analogía de los vehículos, el theravada o hinayana es como viajar hacia la liberación en tractor; es un método algo lento pero seguro, fácil de manejar. Viajar en el vehículo mahayana es como viajar en tren, con un sistema de mandos mucho más difícil pero más rápido. El tantrayana es como viajar en un cohete supersónico, difícil de manejar, incluso peligroso, pero cuando se domina es el más veloz de los medios de transporte.

El texto tradicional donde se sintetizan las instrucciones referentes a estos tres vehículos es el conocido como Lam Rim o Etapas del Camino. Todas las enseñanzas budistas están relacionadas en una u otra medida con este famoso texto. A continuación, se exponen de manera fácil y simplificada los puntos más esenciales de su contenido.

Visión

*Preocuparse por el desafío de la meditación puede
tensar la espina dorsal del débil europeo o proveerle
unas gafas para su miopía*

Carl Gustav Jung

El valioso potencial humano

Cuando alguien tiene interés en la meditación o en el desarrollo interior, es fundamental animarlo en su empeño para que supere de este modo los momentos de desánimo y mantenga firme su esfuerzo. El Buda, en sus enseñanzas pone un gran énfasis en reconocer el valor del potencial humano, pues es el punto de partida del practicante.

La explicación sobre este tema se presenta tradicionalmente en un tono muy académico, con numerosas divisiones y subdivisiones que facilitan la comprensión y posterior meditación sobre el mismo.

El objetivo de todo ello es llegar al convencimiento de que nuestra situación presente es muy afortunada. Tenemos un cuerpo humano, cuyo valor es inapreciable, con el que podemos trabajar para llegar a un perfeccionamiento espiritual. Es muy necesario aprovechar esta oportunidad, pues nadie puede garantizarnos que volveremos a tenerla en el futuro.

A medida que nos afianzamos en la meditación sobre este tema, se produce un cambio en nuestra concepción de la vida, hasta el punto de que deseamos dedicar toda nuestra energía al desarrollo del conocimiento interno, tratando de no desperdiciar ni un segundo de nuestra existencia.

Analizando bien, veremos que no le damos demasiada importancia al uso que hacemos de nuestro cuerpo y mente presentes. Según decía un conocido maestro, Lama Yeshe, utilizar este cuerpo y esta mente tan solo para objetivos de esta vida, es como utilizar un Rolls Royce para transportar estiércol. Un desperdicio total.

Impermanencia y muerte

Si por un lado es importante ser conscientes del inmenso valor de nuestra vida, es también muy necesario reconocer su fragilidad. Es mucho más fácil encontrar causas que producen la muerte que causas que sostienen la vida.

Muchas personas experimentan un shock ante la manera tan directa que tienen los lamas budistas de hablar de la muerte. En nuestra sociedad, este es un tema casi tabú y cualquier persona que hable de ello es considerada poco sensible e incluso morbosa.

Quienes la escuchan no se dan cuenta de que está hablando de algo tan trascendente como la vida misma. Por más que tratemos de eludirla, por más que nos engañemos pensando que las cremas antienvejecimiento nos alejan de ella, la muerte es un hecho inevitable. Tarde o temprano tendremos que afrontarla y, cuando esto ocurra, es mucho mejor estar preparado.

Pero a pesar de que, en general, el tema de la muerte es rechazado por la mayor parte de la sociedad muchos psiquiatras y psicólogos creen que comprender la naturaleza transitoria y perecedera del ser es vital para nuestro bienestar psicológico.

Freud demostró, a pesar de crear controversias y oposición, que era fundamental para el equilibrio del hombre comprender su propia sexualidad. Con sus teorías contribuyó a que otro tema que había sido tabú durante generaciones dejara de serlo tanto. De hecho, hoy hablamos de sexo con naturalidad, sin ruborizarnos y ello demuestra que forma parte de nuestra vida.

Pero ante la muerte seguimos mostrándonos temerosos, la alejamos tanto como podemos de nuestro pensamiento. Pero esta actitud no es correcta. Si, por un lado, el sexo nos ayuda a conocer los aspectos poderosos y agresivos de nuestra naturaleza, afrontar la propia mortalidad nos hace comprender otros aspectos más pasivos y humildes de la misma. De este modo equilibramos nuestras emociones, poder y agresividad por un lado y pasividad y humildad por otro.

Reconocer nuestra mortalidad afloja nuestro apego obsesivo hacia esta vida y elimina gran parte de los problemas cotidianos.

Dándonos cuenta de la inevitabilidad de la muerte nos sentimos impulsados a practicar Dharma, pues el momento en que va a llegar es incierto y, cuando llegue, lo único que podrá ayudarnos es la práctica espiritual.

¿Qué hay después de la muerte?

La muerte no significa el fin de la existencia. Lo único que hacemos es dejar un cuerpo para tomar otro. Entre una vida y otra pasamos por un estado intermedio llamado bardo, en tibetano.

Cuando se habla de la reencarnación, muchas personas abren los ojos sorprendidos y, con un poco de mofa, esbozan una sonrisa de incredulidad. Hasta cierto punto, esta reacción es natural. Pero, en honor a la verdad, se están riendo de algo que nunca han investigado. Es más, muchas de las ideas o creencias admitidas sobre lo que nos espera después de la muerte son más irracionales y absurdas que lo que pueda parecer la reencarnación.

Creer en algo sin más, porque sí, no es muy beneficioso. Toda creencia o convicción ha de ser investigada. Con respecto a la reencarnación, las dudas y el escepticismo pueden abordarse desde distintas ópticas.

Un primer paso es investigar nuestras propias ideas acerca de lo que ocurre después de la muerte y preguntarnos ¿de dónde proceden estas creencias? ¿Son racionales y lógicas? ¿Por qué las creo?

Cuando uno cree que la mente es el cerebro, es difícil pensar en la reencarnación como un hecho real, ya que si al morir el cerebro deja de funcionar es de suponer que también dejará de funcionar la mente. En general, si alguien nos pregunta qué entendemos por mente, es muy posible que no tengamos respuesta o, en el mejor de los casos demos una vaga descripción. Incluso muchos de los: profesionales que tratan los trastornos mentales de los demás, desconocen con precisión lo que es la mente. Si hacemos un análisis honesto veremos que tenemos ideas acerca de la mente que nunca han sido seriamente comprobadas ni contrastadas. La meditación y una instrucción precisa procedente de un maestro auténtico es el único medio conocido para tener una experiencia fiable de lo que es la mente.

En la filosofía budista existen textos que tratan específicamente de la mente, de cómo funciona y de cómo es en realidad. Pero de momento, basta decir que la mente es aquel ente no material, capaz de reflejar objetos y de aprehenderlos. Aunque existe una evidente relación entre la mente y el cerebro, el cerebro no es la mente porque ésta carece de forma física. Evidentemente, el cerebro y la mente están íntimamente relacionados, pero no son lo mismo: el primero es materia y la segunda es consciencia.

Un punto importante a considerar para entender la reencarnación es que la mente que va de una vida a otra no es aquella con la que nos relacionamos cotidianamente.

Según la experiencia de grandes meditadores, la mente tiene varios niveles: burdo, sutil y muy sutil. Al morir, los dos primeros se desvanecen para no aparecer jamás. El nivel burdo es el tipo de mente con el que funcionamos en nuestra vida cotidiana y *este nivel* no se reencarna. Tampoco se reencarna el nivel sutil. En este sentido los budistas también niegan la reencarnación. Pero la mente muy sutil que, salvo en raras ocasiones, permanece en estado latente a lo largo de toda nuestra vida, se activa en el momento de la muerte y viaja hacia su próxima reencarnación.

Existen técnicas muy avanzadas a través de las cuales, en esta misma vida, la consciencia o mente puede abandonar el cuerpo y tomar otro. Este hecho se ha producido en contadísimas ocasiones y siempre lo han llevado a cabo meditadores muy avanzados, pero demuestra que hay algo en nosotros que continuará cuando muramos.

Por otro lado, investigar el proceso del sueño nos ayuda

a entender el proceso de la muerte, pues solamente cuando dormimos nos relacionamos con estados mentales más sutiles.

Tras la muerte, entramos en el estado intermedio conocido como bardo y transcurrido un tiempo tomamos un nuevo cuerpo. Al dormirnos, como en la muerte, la consciencia o mente burda deja de funcionar y contactamos con la mente muy sutil. La actividad onírica posterior, llevada a cabo con un nivel de mente más burdo que el anterior, pero aun sutil, es comparable al estado del bardo. Tomar un nuevo cuerpo es como despertar a un nuevo día y activar la mente burda.

Distintas formas de sufrimiento:
realidad externa e interna

¿Por qué hemos nacido en un lugar específico de la Tierra y no en otro? A pesar de que existen innumerables lugares donde nacer, e incluso distintos planos de existencia, hemos nacido concretamente en uno sin posibilidad de elección. ¿Por qué? Nuestro lugar de nacimiento lo determina nuestro karma o acciones.

Según la calidad de sus acciones, un individuo puede renacer en un plano de existencia inferior o superior. Los humanos somos una manifestación de existencia superior y los animales, los pretas y los seres infernales son manifestaciones de existencias inferiores.

A pesar de que la existencia animal podemos percibirla con nuestros propios ojos, los otros dos planos de existencia mencionados pueden ser vistos solo por alguien con un nivel de concentración muy elevado. Son por tanto objeto de duda. Pero una manera de avanzar hacia la comprensión del mensaje de Buda y no quedarnos atascados en un punto por falta de convicción, es eludir las descripciones tradicionales de los distintos reinos de existencia, así es como se les denomina en las escrituras, y pensar en las características mentales del ser en cuestión.

Pongamos por ejemplo al preta, descrito en las escrituras como un ser siempre hambriento que por más que lo intenta no puede saciar su hambre. El estado mental de un ser así es un ansia exagerada. Sin embargo, mirando a nuestro alrededor y a veces observándonos a nosotros mismos, vemos que no es tan difícil caer en estados de neurosis obsesivas que producen un sufrimiento incesante.

Los seres que habitan en el reino animal experimentan

situaciones de dolor que no hace falta describir.

Aunque hoy en día está bastante extendida la idea de que los animales viven en un estado de pureza, no tenemos, más que mirar nuestro entorno para ver cuánto sufren. Algunos tienen que devorarse entre sí para comer, para aparearse, para subsistir. Otros mueren masivamente en el matadero o contaminados en los océanos y miles de insectos mueren con cada lluvia. Definitivamente, su situación no tiene nada de envidiable.

Los seres infernales son descritos como víctimas de los más intensos sufrimientos físicos y mentales. Pero una vez más ¿No es una guerra un infierno? Terremotos, incendios, naufragios son situaciones en las que cientos de personas sufren lo indecible hasta morir. Y el sufrimiento mental ¿no es infernal la desesperación que sufre alguien con depresión, hasta el punto de quitarse la vida? ¿Y el psicópata que llega al extremo de matar impulsado por su sufrimiento mental? ¿No viven estos humanos situaciones infernales?

Se dice que el ser que ha caído en los reinos inferiores tarda miles de años en salir de ellos. Pero de nuevo, esto es algo que podemos contrastar con nuestra propia experiencia. El tiempo es siempre un término relativo: un mes de vacaciones pasa mucho más rápido que un mes trabajando duro. Un minuto sentado cómodamente en un sillón se vive muy distinto a un minuto con el cuerpo en llamas.

En los reinos superiores, además de los humanos, hay otra clase de seres llamados *devas* o dioses. Son el polo opuesto a los seres infernales. Para ellos la vida transcurre en una experiencia de aparente felicidad y gozo continuos.

A veces se dice que estos reinos existen en un lugar concreto del Universo. Otras que son tan solo un estado mental fruto de la virtud o karma positivo creado. No obstante, el punto importante a tener en cuenta es que vivir o no estas situaciones depende exclusivamente de uno mismo y sus acciones. Nada ni nadie nos castiga o nos premia, solo nuestras acciones son responsables del resultado que vayan a producir.

Contemplar una y otra vez estas situaciones y la posibilidad de que nosotros mismos podamos sufrirlas nos hará sentir cierto temor. Pero no tratemos de eludirlo, ya que este tipo de miedo es muy constructivo: será el impulso que nos hará actuar de manera positiva, evitando al máximo generar actitudes como el odio, el apego, los celos o cualquier otra mente que nos robe la paz.

Protección en la tormenta

Podría decirse que lo que distingue a un budista de un no budista es la práctica llamada *Tomar refugio*. Un budista vive en la dimensión del refugio y un no budista vive fuera de esta dimensión.

Si se interpretase el ir por refugio desde una óptica teísta, vendría a ser algo como "si me abandono en las manos del Buda ya no debo temer pues él siempre me protegerá". Pero este no es el caso, tomar refugio para un budista es una práctica activa realizada con los cinco sentidos en la que pone todo su corazón. El practicante comprende que su existencia es efímera y que no encontrará la seguridad que busca en nada ni en nadie. Convencido de esto, trabaja siguiendo un sendero seguro que le lleve a un destino feliz y auténtico.

Todos los seres buscamos de manera inconsciente un refugio, el bebé se refugia en sus padres, éstos en su trabajo o en sus amistades; hay personas que buscan refugio en las drogas, el alcohol. Pero hay un denominador común en todas: el deseo de escapar de la insatisfacción. En muchas ocasiones nuestra vida es tan solo una pretensión de que somos felices. Luchamos por tapar cualquier manifestación de dolor ocupando cada segundo de nuestra existencia; mitigamos nuestra insatisfacción subiendo el volumen del televisor... y así se nos va la vida.

El practicante espiritual ha de ser lo suficientemente valiente para quitarse la máscara y reconocer la realidad de su situación. Para que la práctica de tomar refugio sea correcta, hacen falta ciertos elementos: temor ante lo incierto de nuestra situación presente y futura, por un lado, y por otro, tener fe en las Tres Joyas.

Las Tres Joyas son Buda, Dharma y Sangha. La Joya del Buda

nos sirve como un modelo de nuestras propias posibilidades. La Joya del Dharma es el método a través del cual llegamos al estado de Buda y la Joya de la Sangha son aquellos amigos espirituales que están en nuestro mismo sendero.

Tomar refugio significa poner en práctica todas las etapas del camino que actualizan el potencial humano. Podemos desaprovechar esta situación o podemos utilizar cada segundo de nuestra vida en tratar de actualizar los resultados positivos que solo pueden ser fruto de una práctica espiritual.

Si dedicamos nuestra breve existencia a ver correr el tiempo hasta que nos llegue la muerte, será un desperdicio total, una vida sin sentido. Si, por el contrario, dirigimos nuestra vida hacia la luz de la Liberación, vivimos correctamente haciendo un uso total de nuestro potencial.

Todos y cada uno de nosotros vivimos en soledad, pero con los demás. Sin embargo, no podemos pretender que esta convivencia sea positiva si nos dejamos guiar por el egoísmo. El egoísmo, sutil como una serpiente, nos hace creer que estamos unidos a los demás, cuando en realidad lo que nos impulsa a buscar su compañía es el interés propio. Solo si eliminamos el egoísmo podremos decir que estamos realmente con los demás. Tomar refugio sinceramente es el camino para conseguir este objetivo.

¿Qué entendemos por desarrollo espiritual?

Desde la óptica budista un camino de evolución es imposible sin entender claramente el significado del Dharma. Por este motivo hablaremos de él viendo su naturaleza, función, beneficios y la manera de practicarlo.

Naturaleza

El Dharma es un *refugio directo y poderoso que nos protege del estado de constante insatisfacción que experimentamos los seres.* A nadie le gusta pasarlo mal y para evitarlo, a lo largo de la historia de la humanidad, el hombre ha buscado métodos para satisfacer su ansia espiritual. La ciencia, la medicina, la psicología, el arte, la música, el cine, el teatro, el deporte, han sido creados con la intención de hacer más felices a los seres, como un medio para asegurarles experiencias placenteras. Y de hecho lo son, es delicioso escuchar buena música, ver buenas películas y poder calentarnos o refrescarnos tan solo apretando un botón. Pero observándolo desde una óptica realista, todas estas comodidades sólo amortiguan las insatisfacciones que inevitablemente experimentamos: soledad, tedio, frío, calor... Pero ¿por qué lo pasamos mal cuando tenemos tantas cosas capaces de darnos confort? No es exagerado decir que detrás de todo malestar se encuentra el temor inconsciente a la muerte y la profunda inseguridad que produce la complejidad de la existencia, y este tipo de malestar es más profundo, no se soluciona yendo al cine o entregándonos a cualquier distracción. Pero, y los seres queridos, ¿por qué ellos no nos dan la felicidad? La familia y los amigos pueden hacernos sentir acompañados y pasamos con ellos grandes momentos, pero la insatisfacción y sus consecuencias son un hecho individual e intransferible y sólo uno puede superarlo.

¿Por qué? La familia, las posesiones o el trabajo constituyen un refugio temporal sin capacidad de proteger nuestros temores más profundos, incluso pueden provocar malestar. No son un refugio válido. Desde tiempo inmemorial el hombre se ha apoyado en la religión como respuesta al implacable hecho de la muerte y a todo lo que es inexplicable en su existencia. Aferrarse a las creencias diversas y vivir de acuerdo a ellas le ha ayudado a subsistir, a entender ciertos misterios. Durante siglos, la religión ha sido un reducto de la sabiduría que debía tener respuestas para los interrogantes más profundos del ser humano. Sin embargo, la creencia no es una solución, debe haber algo más.

Lo que el ser humano necesita es un refugio directamente conectado con su interior, que es de donde surgen sus interrogantes y temores.

Este refugio auténtico y seguro sólo puede proporcionarlo el Dharma. Sin haber empezado a practicarlo, resulta muy difícil poder entender de qué manera nos protege, pero es definitivo que lo hace. Nos proporciona una experiencia interna y un conocimiento que serán nuestra protección. En una ocasión Buda dijo: "Tú eres tu mejor amigo y tu peor enemigo".

Uno mismo es la fuente de todos sus problemas, pero también responsable de su propia felicidad. Esta frase señala una de las diferencias básicas entre el Dharma y lo que comúnmente se entiende por religión. El Dharma coloca al ser humano frente a la responsabilidad de su existencia, a través de sus actos y pensamientos. Cualquier religión, budismo, cristianismo, islamismo, entendida solo como un conjunto de creencias en las que el individuo no tiene la total responsabilidad de alcanzar por sí mismo y con su esfuerzo el estado de máxima perfección, es incapaz de liberarnos. El Dharma, en cambio, nos da todo el protagonismo que queramos aceptar, el grado de intensidad de nuestro desarrollo depende solo de nosotros.

Todo malestar se origina en la mente y no a causa de las situaciones externas. Esto implica que si podemos conseguir que la mente funcione de manera correcta, aunque las condiciones que nos rodean sean adversas, nada podrá evitar que experimentemos bienestar. Qué debemos entender por un funcionamiento adecuado de la mente: evitar que sucumba ante la influencia de lo que, en términos del Dharma budista, se denominan engaños o emociones aflictivas. ¿Por qué engaños? Porque nos hacen ver la realidad de manera incorrecta. ¿Por qué emociones aflictivas?, porque alteran nuestro interior y roban nuestra paz.

Supongamos que estamos en un restaurante a punto de degustar un plato delicioso cuando alguien se acerca a nuestra mesa distraído, tropieza con el camarero y se derrama toda la comida en nuestro traje. ¿Cómo nos sentimos en ese momento? Agitados y llenos de aversión hacia esa persona. Este estado mental nos presenta alguien "verdaderamente desagradable, maleducado y estúpido", se crea en nuestro interior una imagen distorsionada de la persona. Es la imagen que, en esta situación específica, un engaño nos hace ver y, lo peor de todo es que estamos convencidos de que esa es la verdadera naturaleza de la persona. Y aunque momentos después nos presentase sus disculpas, comprometiéndose incluso a pagar el lavado de nuestro traje, nuestra mente seguirá agitada. La aversión consigue que el medio ambiente, el bonito restaurante en el que estamos, los amigos que nos acompañan y el delicioso plato que estábamos a punto de degustar, pierdan todo su sabor. El estado mental producto de esa situación ha creado un medio ambiente diferente.

En estos momentos es cuando debe ponerse en práctica el Dharma, ello no entraña únicamente, recitar oraciones en tibetano, llenar de ofrendas un altar o postrarnos en el suelo. El campo de trabajo del Dharma es nuestro mundo interior.

Imaginemos una situación más grave, supongamos que hemos sido falsamente acusados de robar algo. Nos sentiríamos tan ofendidos y afrentados ante una situación así que surgiría un profundo odio hacia quien nos acusa. No obstante, para un buen practicante de Dharma esta experiencia será diferente, su práctica le permitirá afrontar la situación sin generar aversión, la dará una visión más real de la persona que le acusa y en lugar de perder su paz interna, podrá tratar de aclarar el malentendido de forma más tranquila.

A excepción de la experiencia interna que surge del Dharma, todo aquello en lo que nos apoyamos para apartarnos del malestar carece de poder para eliminar la raíz de donde surge. Sólo cubre momentáneamente nuestros sentimientos de inseguridad y, lo que es peor, puede provocar un malestar mayor dada su condición de impermanencia o vulnerabilidad. Es decir, el trabajo tan bien remunerado que uno tenía puede perderse: incluso un director de empresa puede ser expulsado por una mala gestión. El gobierno por el que hemos estado luchando puede corromperse, el marido o esposa en el que tanto confiábamos puede traicionarnos, incluso las ideas por las que estábamos dispuestos a dar la propia vida en nuestra juventud, carecen ahora de sentido. Esto es la impermanencia en acción.

Función

Una de las principales funciones del Dharma es la de *tranquilizar la mente,* lo cual es imprescindible porque una mente inquieta agita el medio exterior y nos impide vivir en paz. Sin embargo, esta tranquilidad no es la producida por una interrupción momentánea de la inquietud habitual, sino que es producto de una transformación gradual de la visión que teníamos de nosotros mismos y de la realidad que nos envuelve. Es decir, incorporamos a nuestra forma de vida y pensamiento todos los puntos citados: el perfecto renacimiento humano, la muerte, la reencarnación, el karma... Esta tranquilidad referida nace en el fondo de nuestra mente y llega a ser inalterable.

Beneficios

Los beneficios de practicar Dharma *son múltiples, pero de manera muy breve, se puede decir que nos ayuda a vivir y a morir de la manera más digna.* Incluso nos ahorra los honorarios de un psicólogo ya que nos proporciona un método a través del cual solucionar nuestros propios problemas. Da sentido a nuestra existencia, porque habremos eliminado visiones fantasiosas sobre ella; viviremos en armonía con nuestro mundo interior y exterior. El Dharma permite transformar los problemas en causa de felicidad, por medio de abrir nuestro corazón a los demás. Es el remedio más eficaz contra la aversión, apego, envidia, rencor, depresión, falta de sentido a nuestra vida, menosprecio de nuestras potencialidades y tantos otros engaños.

Forma de practicar

No es nada aconsejable entrar en la práctica del Dharma exigiendo o esperando un resultado inmediato. Seríamos como un granjero que, recién plantadas las semillas pretendiese recoger la cosecha. Milarepa, el gran yogui tibetano solía decir "apresúrate despacio", es decir, empieza a practicar cuanto antes, pero sin prisa por obtener resultados.

Lo que determina el valor o poder de una acción es la motivación o intención con que la hacemos. Y de manera muy especial, el Dharma sólo es eficaz cuando se practica con la motivación adecuada. Es decir, la motivación correcta a la hora de practicar y en cualquier otra actividad, sería dejar de estar obsesionados únicamente por las cosas de esta vida. La motivación con la que es aconsejable no solo practicar sino vivir tiene tres grados: la intención de que la práctica traiga beneficios en nuestras vidas futuras, practicar para desenraizar la causa del malestar, la ignorancia, y practicar para llegar a la Iluminación con el objetivo de beneficiar a los demás.

Todas las prácticas del Lam Rim están diseñadas para pasar por estos tres niveles de motivación. Por ejemplo, meditar en el perfecto renacimiento humano, la muerte, el hecho de la continuidad de nuestra existencia y la posibilidad de renacer en los reinos inferiores transformarán una mente obsesionada con la creencia de que "sólo esta vida es importante" en un estado mental que se abre ante la inmensidad de vidas futuras. Este cambio produce una perspectiva totalmente diferente con que vivir la corta vida presente. Con esta base, meditar en los diversos tipos de sufrimiento nos lleva a despertar la intención de escapar de un ciclo de nacimientos y muertes repetitivo para obtener el estado más allá del dolor o Nirvana. Por último, con la ayuda del amor y la compasión despertamos la bodhichita, el deseo de llegar a la Iluminación para beneficio de todos los demás. Pero despertar este estado sólo es posible cuando hemos pasado por las dos motivaciones previas; de ahí la importancia de las palabras de Lama Tsong Khapa, fundador del linaje guelupa del siglo catorce, en el sentido de que ninguna práctica es redundante en el Dharma, todas sirven para algo; nada sobra ni nada falta por añadir.

Para despertar estas tres motivaciones son necesarios el esfuerzo y la perseverancia, es decir la alegría de implicarse en las prácticas que nos llevan a esta transformación mental. Con esta perseverancia entraremos en el Dharma, lo viviremos y no haremos como el paciente que para curar su enfermedad se contenta con leer la receta del médico. Practicar Dharma es tomar la medicina que nos cura del malestar.

Hemos de echar una honesta ojeada a nuestro interior para ver si somos o no felices y sobre todo observar la relación que tenemos con nuestras herramientas de trabajo, nuestro cuerpo y mente. Tener una visión pobre de nuestra capacidad hará que proyectemos la misma opinión sobre los demás. Si estamos convencidos de que nuestra situación es despreciable ¿cómo apreciaremos a los demás? Es vital sentirnos capaces de superar nuestros límites actuales, conscientes de que en nuestro interior hay un potencial especial capaz de hacernos trascender la visión pobre y, a veces, masoquista que tenemos de nosotros mismos. Lo que nos enseña la práctica de Dharma es a despertar y actualizar este potencial, esta semilla de pureza que hay en cada uno de nosotros. El desconocimiento nos impulsa a volcar nuestra energía *únicamente* hacia el desarrollo externo de reputación, trabajo, placeres cotidianos, etc. Esta forma de vida nos condena irremisiblemente a una esclavitud a veces irreconocible en la que no hay escapatoria: dormir, levantarse, trabajar, comer, experimentar un poco de placer y al día siguiente, ¡vuelta a empezar! como si girásemos en una noria.

En este sentido podemos aseverar que somos como un mendigo ciego que ha encontrado un diamante y, al confundirlo con una piedra, lo tira al río. Ciegos porque no reconocemos el potencial que tenemos en nuestro interior, pobres porque, al no reconocerlo, no lo disfrutamos.

Si no utilizamos nuestro potencial humano como un medio para conseguir el despertar, todo aquello por lo que luchamos en nuestra vida, llegará a carecer de sentido. Cada vez vivimos más obsesionados por el trabajo, por la familia, y con el paso del tiempo va creciendo un sentimiento de frustración, los hijos crecen, la vida no es lo que esperábamos de ella, las quejas aumentan hasta empezar a sentir un nudo en el corazón, cada día es más pesado y nos preguntamos constantemente, ¿de qué sirve mi vida, para qué estoy luchando?

Puesto que la práctica de Dharma da sentido a nuestra

existencia, todas las actividades "mundanas" lo cobran también. Sin este sentido trascendente de la vida, nos enfrentaremos a los problemas sin otra salida que las píldoras tranquilizantes, que deben ser contrarrestadas por estimulantes del sistema nervioso. Entramos en un círculo vicioso que el Buda definió como samsara. El vacío interior es difícil de llenar desde fuera sólo la práctica de Dharma puede hacerlo.

Samsara

Cuando los maestros hablan del samsara o existencia cíclica, muchos entienden que se refieren a un lugar específico o a una situación concreta y fácilmente deducen que marchando a otro sitio o cambiando de pareja se alejarán del samsara y serán más felices. Pero esto es un error, el samsara es nuestro propio funcionamiento actual de la mente, y significa que mientras sigamos actuando de un modo inapropiado, manteniendo visiones falsas como verdaderas, la felicidad continuará escapándose de nuestras manos sin importar donde estemos ni lo que hagamos.

Nuestra energía presente, sin embargo, va siempre dirigida a hacernos creer que nuestra estancia en el samsara es satisfactoria. En vez de intentar comprender las desventajas del samsara nos resulta más cómodo pensar que es posible ser felices en él. Puesto que no conocemos ningún otro nivel de experiencia posible, nos conformamos con lo que tenemos, aunque no sea satisfactorio; pero engañándonos de este modo jamás generaremos el deseo de escapar del samsara para poder experimentar la verdadera felicidad.

Abandonar el samsara significa abandonar los engaños y el karma. Como se menciona más arriba, no se trata de abandonar un lugar físico o una posición social determinada. Todos los reinos de existencia que se describían con anterioridad están en el samsara; en ellos hemos estado en el pasado, estamos en el presente y estaremos también en el futuro si nos quedamos de brazos cruzados.

Los maestros budistas ponen un gran énfasis en hablar de la insatisfacción y son muy hábiles dando detalles sobre el tema, pero no lo hacen para deprimir al oyente sino para despertarlo. Aunque no es frecuente, hay muchos presos que llegan a sentirse cómodos en su prisión, hasta el punto de no querer salir de ella. No son conscientes de los beneficios de la libertad y carecen de interés en buscar algo mejor.

Para empezar a alejarnos del samsara han de producirse ciertos cambios en nuestra actitud. De una manera abierta y positiva comencemos a transformar aquellas actitudes que nos perjudican, comencemos a vivir según un código ético basado en la propia responsabilidad.

Cada uno de nosotros es el autor de la historia de su vida. Empecemos a escribir desde ahora mismo no tan sólo un final feliz de la presente, sino una feliz continuación en las siguientes.

Karma:
Tus acciones determinan la calidad de tu vida

Para algunos, la palabra karma es sinónimo de destino. Algo que implacablemente dicta la condición de los seres. "Si mi karma es ser estúpido o pobre siempre lo seré". Pero este no es el significado correcto. Karma es un término sánscrito que significa acción y actúa sobre el mundo interno de nuestro comportamiento. En el mundo externo, nada de lo que sucede está libre de causas. Nuestras propias acciones son las causantes de nuestras experiencias futuras y ahora mismo experimentamos las consecuencias de nuestras acciones previas. La clase de vida que tenemos, nuestro cuerpo, personalidad y características concretas han sido determinados por nuestras acciones previas, de esta vida o de las pasadas. Todas nuestras experiencias, sentimientos, emociones son fruto del karma y, al mismo tiempo, todo lo que hacemos y pensamos ahora va a marcar nuestro futuro.

Toda acción física, verbal o mental, deja una impresión en nuestra mente. Es como una semilla, una potencialidad que permanece hasta que se dan las condiciones internas y externas necesarias para que madure y dé su fruto. Según sea la naturaleza de esta impresión, el resultado madurará en forma de experiencia agradable o desagradable.

Es muy claro, una semilla negativa no puede dar un fruto positivo y viceversa, como tampoco una semilla de maíz puede dar trigo. Cada acción deja, además, una tendencia en la mente a repetirla. Es fácil constatar entre niños pequeños tendencias variadas que pueden ir desde la habilidad en un determinado instrumento musical, hasta la crueldad con los animales o con otros niños. Las impulsa un hábito mental que, en muchos casos, no ha sido adquirido en esta vida.

Sin embargo, hay un elemento importante que es necesario constatar cuando se habla de karma: toda acción o karma depende de una intención. Una acción aparentemente positiva, puede entrañar una intención diabólica y, al revés, una acción a simple vista negativa puede no serlo si es llevada a cabo con el propósito de ayudar a los demás.

Sin embargo, a veces no es tan simple determinar la intensidad de la intención. El tema del karma es uno de los más complejos y profundos de la enseñanza del Buda, es imprescindible para comprenderlo correctamente escuchar instrucciones una y otra vez de un maestro cualificado.

La práctica del karma va más allá de la meditación formal. Debe manifestarse en un comportamiento ético apropiado que entraña el abandono de cualquier conducta negativa y la puesta en práctica de acciones constructivas. Esto implica una disciplina ética o moral. Pero, ¿qué entendemos por moral? Muchas personas se sienten incómodas ante esta palabra, cargada de connotaciones con las que quizá no están de acuerdo. La asocian con formas irracionales de represión o puritanismo obsoleto. Cuando en el budismo se habla de abandonar acciones negativas, como matar, robar, mentir, calumniar o llevar una conducta sexual inapropiada, se hace por tres razones fundamentales: perjudican a los demás, dejan en la mente semillas cuyo fruto será más dolor y, por último, inquietan nuestro espíritu, impidiéndonos poner en práctica la meditación o cualquier otra actividad virtuosa.

Es preciso hacer un breve matiz con respecto a la mala conducta sexual. Podría decirse que cualquier tipo de relación es lícita, siempre y cuando no cause sufrimiento. En el contexto budista, no se le da ninguna connotación negativa al sexo excepto cuando se han tomado votos de celibato, en cuyo caso mantener relaciones de este tipo significaría romper los propios compromisos. Una relación sexual se convertirá en una "mala conducta" cuando por causa del apego produzca sufrimiento a terceras personas. Si la ley del karma funciona, lo hace para todo el mundo. Independientemente de si uno cree o no cree en ella. Nuestro gran desafío es averiguar a través de la meditación y el estudio, si funciona realmente o no.

¿Qué nos impulsa a crear acciones o karma?

Una acción, sea de la naturaleza que sea, no se produce espontáneamente sin una causa previa. Toda acción va precedida de una intención y está, a su vez, es inducida por algún factor mental.

En nuestra mente pululan día y noche distintos factores mentales, como el ansia, el apego, la aversión y muchos otros. Aunque, por supuesto, también hay factores mentales positivos como la generosidad, el amor o el deseo de ayudar a los demás.

Una ojeada en nuestro interior nos hará ver claro que, la mayor parte del tiempo, nuestras acciones están teñidas por actitudes negativas: desagrado hacia nuestro trabajo, hacia nuestro jefe, impaciencia al conducir, al ir de compras, enfados familiares... Hay un sin fin de situaciones diarias que nos hacen reaccionar negativamente. Con una mente negativa, no importa el efecto que tengan nuestras acciones externamente, su resultado kármico será sufrimiento. Controlar el karma significa tratar de evitar estas mentes venenosas que, desde el punto de vista del Dharma, son la fuente de nuestros problemas.

Puesto que las acciones son inevitables y en muchas ocasiones nos vemos obligados a reaccionar con dureza ante ciertos eventos, tratemos de evitar que nuestro comportamiento vaya acompañado de los engaños mencionados.

Renuncia

Cuando nuestra mente es atrapada por el odio, los celos o la depresión, queda totalmente incapacitada para deshacerse de la influencia que ejercen dichas emociones sobre nosotros. Esto significa que no tan solo carecemos de libertad sino que somos esclavos de nuestra inestabilidad mental. Y esto es precisamente lo que significa samsara: la falta de libertad para poder escapar.

Al escuchar y meditar sobre el sufrimiento se produce un cambio gradual en nuestro interior. Crece en nosotros una nueva visión de lo que nos rodea, una mente que es el fundamento de toda práctica interna o espiritual: la renuncia. La mente de la renuncia se define como "el fuerte sentimiento de querer abandonar el samsara y obtener el Nirvana", estado mental en el que el fuego de los engaños ha sido extinguido.

En este momento nos puede parecer que sin estos estados mentales fluctuantes, odio, celos, apego hacia los seres queridos nos faltaría la sal de la vida. Quizá una ojeada superficial a nuestra existencia puede convencernos de ello. Pero basta hurgar un poco más profundamente en nuestro interior para comprobar el dolor que producen en la mente los engaños. Reconocer el sufrimiento y sus causas no es tarea fácil porque nos resistimos a la idea de que estamos sumergidos en un mar de dolor. Estamos tan habituados a disimularlo, a aparentar que no existe, que ya creemos haberlo superado. Por este motivo es tan importante meditar,

Un renunciante es aquel que ya no se siente atraído por el espejismo de la felicidad mundana superficial, sino que dedica todo su interés a abandonar cuanto antes el juego engañoso de buscar ciegamente algo que jamás encuentra, tal como hizo el príncipe Sidharta al abandonar su palacio.

La búsqueda infructuosa e inútil es lo que rige el samsara; desarrollando la mente de la renuncia empieza el camino interior, el viaje hacia la Liberación.

Si antes hablábamos de cuánto nos cuesta darnos cuenta de que la existencia en samsara es insatisfactoria desde cualquier óptica, hay otras "trampas" de propia creación en las que podemos caer al entrar en el budismo. Por ejemplo, al empezar a escuchar enseñanzas, quizás despertamos ante el hecho de la insatisfacción del samsara de un modo poco natural, y en consecuencia sube la "fiebre de la renuncia" que nos lleva a delirar y a confundir la realidad. Estamos como enfadados contra todo y contra todos. La mente del enfado está caracterizada por la tendencia a exagerar los aspectos negativos de algo o alguien y, en consecuencia, nuestro enfado "renunciador" nos lleva a menospreciar a los que van al cine, los que van a las discotecas o a los que trabajan de ocho a seis y después se van a hacer jogging o a mirar la tele, en vez de hacerse budistas y renunciar al samsara. Generamos como una especie de orgullo nefasto que puede articularse así: "Pobres diablos, míralos, aún no se han dado cuenta de que están en samsara, están perdiendo el tiempo y malgastando sus vidas ya que, en la siguiente vida, mi lama lo dice en sus enseñanzas, caerán en los infiernos. En cambio, mírame a mí, oh Buda, yo no voy al cine, ni bailo, ni pierdo el tiempo en cosas mundanas...".

En realidad, aunque la renuncia a veces se traduzca literalmente como "aversión al samsara" esta aversión no debería confundirse con el odio o el enfado que son engaños. Obviamente no practicamos, o no deberíamos practicar, para generar más engaños.

La aversión al samsara es un estado mental nada fácil de despertar, surge de nuestra sabiduría al entender en profundidad el dilema existencial presente y futuro. Al ser producido por una mente sabia es una mente sana, beneficiosa y enriquecedora. Ciertamente no es una mente que encuentra defectos a los que aún no la tienen, o que carecen de todo interés por conocerla.

Una renuncia malentendida tiene otros derivados, a veces divertidos y otros no tanto. Si el practicante en cuestión tiene un físico poco agraciado puede llegar al falso convencimiento de que ha renunciado a "los estúpidos cánones de belleza establecidos". Incluso es posible que piense de los que no actúan como él: "¿cómo pueden preocuparse por su aspecto externo? Seguro que pierden todo su tiempo tratando de gustar a los demás, y no meditan nada".

De la misma manera, si uno es pobre, la renuncia equivocada puede llevarle a despreciar a los que tienen el buen karma de gozar de una situación económica desahogada, acusándoles de carecer de renuncia.

La crítica subterránea empieza a activarse olvidando que, en realidad, está siendo presa de otros engaños: la aversión y la envidia "santificados" por principios budistas mal entendidos.

En realidad, renunciar a lo que no se tiene es muy fácil, pero ésta no es la renuncia budista. Es bueno recordar en todo momento que la esencia del budismo es el camino medio. Gueshe Tamding Gyatso en su comentario al *Bodhisatvacaryavatara* -Guía a la forma de vida del Bodhisatva- aconseja no caer en el extremo de no tener, ni en el de tener en exceso. En el mismo comentario, Shantideva nos dice en uno de sus versos que un buen practicante nunca menosprecia las actividades de los demás, aunque sean mundanas. No sólo esto, sino que es un compromiso del practicante, alegrarse por la riqueza de los demás, su belleza, su éxito y reputación. Las frustraciones o el desespero que uno pueda sentir no son la renuncia: solo el trampolín para que, en base a estas condiciones podamos despertar la renuncia real.

Quizás el problema es que el Dharma es un espejo en el que podemos ver nuestras imperfecciones, lo cual es muy positivo si sabemos afrontarlas. Pero, obviamente, no es fácil aceptar "nuestro lado oscuro" por ello algunos empiezan a sentir una carga en su interior y no encuentran ninguna respuesta mejor para librarse del peso de sus propias deficiencias que imputarlas en los demás. El objetivo de mirarnos en el espejo del Dharma es ver y aceptar nuestras imperfecciones, sería un error utilizarlo para juzgar a los demás. El buen practicante ha de centrarse solo en su práctica si quiere limpiar de verdad su interior.

Liberación: salir del Samsara

Las fronteras del samsara pueden transcenderse por medio de los así llamados "tres adiestramientos superiores": ética, concentración y sabiduría.

Los tres adiestramientos, como el trípode que sostiene una máquina fotográfica, son necesarios e importantes en igual medida. Aunque para un principiante es más asequible empezar practicando la ética a la que se hacía alusión en el capítulo del karma, pues una conducta correcta constituye una protección para la mente, además de mejorar la concentración y ayudar a desarrollar sabiduría.

Todos podemos, en mayor o menor medida, tratar de evitar el odio, el enfado, la avaricia y las acciones que tales mentes nos impulsan a realizar. Mantener una disciplina ética no significa en absoluto reprimir nuestros impulsos, ni ponernos una máscara de beatitud, sino mantener un estado de alerta constante para no dejarnos llevar por el viento del engaño y estar prestos a aplicar un oponente inmediato para contrarrestarlo.

El adiestramiento superior de la concentración no se refiere al estado de atención que sería necesario para jugar una partida de ajedrez, por ejemplo. El tipo de concentración que precisamos para un auténtico desarrollo interno es aquel que dota la mente de flexibilidad y docilidad para colocarla en el lugar que deseemos y durante tanto tiempo como nos plazca. Una mente concentrada es un instrumento fantástico, si la enfocamos sobre cualquier tema de las enseñanzas, irá más allá de las meras palabras y nos pondrá cara a cara con su verdadero significado. Pero una mente tan especial no es fácil de obtener, hace falta contar con la ayuda de un lama cualificado que haya experimentado por sí mismo las diferentes etapas que preceden a la auténtica concentración. Cuando somos capaces de enfocar una mente tan poderosa hacia nuestro interior, podemos examinar con precisión la idea que tenemos del yo. Llegaremos a comprender que este yo inherente, falso al que nos aferramos y que reduce nuestra vida a los límites de su propio interés, no existe tal y como lo percibimos. Es tan solo una distorsión mental producida por nuestra falta de sabiduría, como un bufón, esta distorsión mental a la que llamamos yo, viene burlándose de nosotros desde incontables vidas anteriores y es responsable de todos nuestros engaños.

Con la ayuda de la concentración se llega a la sabiduría que comprende que este yo es falso, no existe en realidad: es solo una proyección mental. Y, por supuesto, todos tenemos un yo, pero es el que aparece tal y como existe: dependiente. Conseguir esta experiencia es como arrancar las raíces del árbol de los engaños, cuyas flores son el karma y dan como frutos las experiencias samsáricas. Cuando uno comprende, no tan solo en teoría, sino experiencialmente que el yo falso no existe, cesan los engaños y se experimenta el Nirvana.

Si no atacamos la causa raíz de los engaños, éstos seguirán perturbando nuestra tranquilidad; de no acabar con ellos en esta vida, seguirán perturbándonos en las futuras. No podemos aspirar a vernos libres de ellos mañana si no hacemos nada para erradicarlos hoy. La mente viaja de una vida a otra y allá donde vaya le seguirán los engaños. Quizá nos gustaría creer que tras la muerte hay un paraíso, pero nos engañaríamos a nosotros mismos. La realidad es que los engaños polucionan nuestra mente y donde hay engaños no hay paraíso, solo samsara.

La Liberación auténtica es la paz que se adquiere al haber eliminado completamente y de manera irreversible los engaños. Para hacerlo uno debe abandonar el aferramiento a la existencia esencial, que es la raíz de todos ellos. Una vez conseguido, el samsara particular en el que uno vive se termina y con él, todo malestar.

¿Por qué Liberación auténtica? Porque es un estado que no cambia ni degenera. Una vez liberados de la existencia cíclica es imposible regresar a ella. Además, el ser posee la capacidad de elegir dónde y cómo reencarnar. En la terminología budista, quien alcanza este estado es un "destructor de enemigos", alguien que ha borrado los engaños de su interior. Es incluso posible que, ahora mismo, entre nosotros alguien se halle en este estado aunque aparentemente no sea notable.

Hemos de sentirnos afortunados porque tenemos la forma más apropiada para acceder a este elevado estado de consciencia: la humana. La mejor base corporal para alcanzar el estado de total liberación del sufrimiento, es la que ofrece el cuerpo humano. Practicando Dharma es fácil para un hombre o una mujer obtener realizaciones espirituales. Gracias a que padecemos sufrimientos y, al mismo tiempo, estamos dotados de sabiduría, podemos conseguir la renuncia. Nuestra sabiduría nos ayuda a comprender las desventajas y limitaciones de nuestra situación y la manera de salir de ella. Estamos pues, ante la mejor de las oportunidades. Sólo tenemos que aprovecharla.

El sendero mahayana

Las prácticas pertenecientes al vehículo theravada enfatizan la liberación del sufrimiento propio. Aunque el practicante llega a convertirse en arhat -ser liberado- no ha alcanzado todavía la cima del sendero espiritual. Para ello es necesario entrar en el sendero mahayana, pues es el único vehículo que puede conducirnos a la Iluminación completa. El Nirvana no es el fin del camino, no es la máxima experiencia a la que podemos aspirar.

Con la práctica de los tres adiestramientos, cortamos con los engaños, pero todavía quedan en la mente las impresiones o huellas que éstos han dejado. Estas huellas son el obstáculo principal para el logro de la completa Iluminación. La mente que ha obtenido el Nirvana sigue guardando las huellas dejadas por los engaños. Estas huellas *sólo* se borran generando la bodhichita, corazón de la práctica mahayana. La bodhichita puede definirse como la mente que desea alcanzar el máximo estado de pureza, -Iluminación- para poder beneficiar a todos los seres conscientes. Esto solamente se consigue trabajando de firme hasta derrumbar el yugo del egoísmo.

No estamos solos en el mundo y absolutamente todos los seres que nos rodean son víctimas de la insatisfacción, como nosotros. Por este motivo, el mayor énfasis en el vehículo mahayana es desear ver libres a los demás de su sufrimiento con tanta intensidad como deseamos liberarnos a nosotros mismos.

Según el vehículo theravada, observábamos nuestra propia insatisfacción con el objetivo de generar la mente de la renuncia; ahora, observando el sufrimiento ajeno nos damos cuenta de que el nuestro es poco importante comparado con el de ellos y nace el sentimiento de la compasión. No obstante, es necesario guardar un orden en cuanto al desarrollo de ambos estados mentales pues es prácticamente imposible generar un verdadero sentimiento de compasión sin antes haber generado renuncia.

Cuando se habla de compasión, no deberíamos confundirlo con un sentimiento de lástima por aquellas pobres gentes que sufren más que nosotros. Desde el punto de vista del budismo, esta actitud no tan sólo dista mucho de la auténtica compasión, sino que incluso raya la arrogancia. Tener compasión significa, en este contexto, generar el firme deseo de ver a los demás libres del sufrimiento y de sus causas.

Con la mente de la renuncia nos liberamos del apego obsesivo hacia los objetos de los sentidos y de la absurda idea de que estos nos van a proporcionar felicidad. Esta experiencia crea un espacio en la mente que nos permite vivir con mayor libertad y por lo tanto ser más felices. La bodhichita hace que nos liberemos del apego obsesivo por la felicidad individual, enraizada en la actitud del egoísmo.

El maestro nos instruye para generar estos estados mentales y nos da diversos métodos de meditación con el objeto de aproximarnos a ellos. Uno de estos métodos es el denominado "cambiarse por los demás", se trata de una técnica muy profunda y poderosa. Otro método para desarrollar la mente de la bodhichita es el llamado "las seis causas y un efecto" y consiste básicamente en considerar a todos los seres como nuestra madre y en reconocer su gran amabilidad hacia nosotros, tanto en esta vida como en las pasadas. Nos ayudará a reconocer la amabilidad de los demás, recordar la de nuestra madre presente. Quizá sea difícil para algunos reconocer la amabilidad de la madre a causa de su mala relación con ella, pero aunque a veces las relaciones con los padres son difíciles, nadie puede negar con una base racional que les debemos mucho. Reconocer su amabilidad no significa necesariamente doblegarse ante todos sus deseos, conseguir una independencia física y psicológica de los padres es aconsejable en muchos casos, pero ello no debe restarle importancia a la idea de que han sido increíblemente amables con sus hijos. Les han dado la vida y esto ya es suficiente motivo para estarles siempre agradecidos. Según palabras del Buda, podríamos cargar con nuestros padres y llevarles sobre las espaldas toda la vida, pero ni así conseguiríamos devolver su amabilidad.

Siempre tenemos en la boca la palabra amor. Es el tema de innumerables canciones, motivo de grandes novelas y guiones de películas memorables, pero ¿qué entendemos por amor? El verdadero amor significa amar sin condiciones y no tan solo a quienes nos aman sino a todos los seres conscientes sin excepción, incluso a aquellos que nos desagradan. Pero este concepto del amor ya no nos parece tan poético, es más bien incómodo, difícil y no surge de manera espontánea. Efectivamente, a amar de verdad se aprende, nadie nace amando indiscriminadamente a todas los seres por igual. Incluso en los bebes es muy obvia su predilección por los brazos de la madre.

Seamos honestos y miremos objetivamente nuestro interior, ¿hay mucho amor en nuestro corazón? Aunque encontramos ciertas dosis de amor hacia nuestros familiares y seres próximos, no se trata de un amor completamente puro, pues está bañado por el apego. La diferencia entre el amor y el apego es que el primero no exige condiciones, pero el segundo sí.

Analizando repetidamente estas ideas, meditándolas y contemplándolas, la mente se va transformando gradualmente y deja sus viejos hábitos egoístas para sustituirlos por el amor verdadero. Cuando la bodhichita es activada, cualquier acción se convierte en causa para llegar a la Iluminación.

Las Seis Perfecciones

Para llegar a la Iluminación completa, el practicante se adiestra en las seis perfecciones que son actitudes que el bodhisatva desarrolla y perfecciona. Se las denomina "perfecciones" porque se llevan a cabo con la motivación bodhichita.

La generosidad, *es un factor mental que desea dar.* Uno se adiestra en esta perfección favoreciendo a los demás, protegiendo la vida de los animales, ofreciendo ayuda material a quien la necesite. Ofrecer enseñanzas de Dharma se considera también una forma de generosidad.

La disciplina ética se define como *la intención de abandonar cualquier forma de comportamiento negativo.* El practicante se involucra en acciones que le hacen acumular energía positiva y se esfuerza por no implicarse en actividades negativas.

La paciencia *es el antídoto del odio y del enfado.* Reaccionar con paciencia ante situaciones o personas que nos irritan es una postura no tan solo éticamente correcta, sino además inteligente.

En este contexto, el esfuerzo se refiere a *la actitud de deleitarse con cualquier práctica virtuosa.* Contrarresta la pereza, entendemos por pereza el resistirnos a entrar de lleno en el desarrollo interno.

La concentración consiste en *desarrollar el poder de la mente hasta convertirla en un instrumento suficientemente hábil para poder completar la última perfección*: la sabiduría.

La sabiduría significa generar en la mente *el conocimiento que revela la verdad última de todos los fenómenos.* Este conocimiento nos libera del samsara. Uno puede generar amor y compasión puros, pero sin esta sabiduría que comprende la naturaleza última de los fenómenos el desarrollo completo del ser no tiene lugar.

Con la culminación de estas perfecciones el practicante ha acumulado el mérito y la sabiduría suficientes para viajar hacia la Iluminación, un estado en que el ser goza de todas las cualidades para ayudar a los demás: compasión, poder, sabiduría y medios hábiles.

Un Buda ayuda dando inspiración, muestra el camino que uno mismo ha de recorrer. Su estado Iluminado es intransferible, no puede hacer el trabajo de otro. Cada cual es responsable de su vida y de lo que hace con ella. Si dejamos que la vida nos viva, no podemos pretender que ésta sea mejor en el futuro; pero si empezamos a poner las causas para vivir la vida en una dirección correcta y constructiva, tanto nuestro presente como el futuro que nos espera serán dichosos.

Mantra Secreto

Este sistema o vehículo es conocido en occidente como "tantra" y es el más veloz hacia la Iluminación. Es un sendero muy especial porque habla de un nivel de mente que en los senderos previos ni se menciona. El theravada y el mahayana son prácticas destinadas a controlar el nivel burdo de la mente, mientras que el mantra secreto trabaja con el nivel sutil y muy sutil.

Algunos, al entrar en contacto con el budismo tibetano y oír que el tantra es un sendero "veloz", nos olvidamos del resto del camino y nos dedicamos en exclusiva a tan elevadas prácticas, menospreciando las prácticas básicas. Uno de los aspectos del tantra que nos suele confundir es pensar que podremos incurrir en actividades sexuales especialmente gozosas. Algunas de las deidades tántricas están representadas en abrazo sexual, es decir, el órgano de la deidad masculina penetra el de la deidad femenina. Esto ha inducido a los más conservadores a creer, que el mantra secreto es una forma degenerada de práctica y a los más libertinos a pensar que el camino a la Iluminación pasa por tener muchas y diversas relaciones sexuales. Es cierto que el mantra secreto tiene una relación muy estrecha con la energía sexual, pero también la tiene con nuestra muerte. Al afirmar que el tantra es un sendero veloz y elevado para llegar a la Iluminación rápidamente, es preciso tener en cuenta que *sólo* es así para un practicante experto, hábil y sincero. Sin practicar sinceramente renuncia, bodhichita y la sabiduría que comprende el vacío, ni el tantra más sofisticado servirá para nada.

Si analizamos el significado del nombre "mantra secreto" comprenderemos alguna de sus funciones. *Secreto* significa que las prácticas deben llevarse a cabo en privado. Cuanto más secreta sea la práctica tántrica mayor será su poder.

Mantra viene del sánscrito y significa protección de la mente. ¿De qué la protegemos? De las apariencias y concepciones ordinarias. En nuestro estado normal todo nos aparece con existencia propia o esencial, y así lo concebimos. Con la percepción y concepción tántricas nos entrenamos para percibir la realidad como es: carente de existencia propia o esencial. Tomar un cuerpo de deidad nos ayuda a contactar con nuestra realidad individual y verla como existe en realidad.

Practicando el yoga de la deidad sustituimos las apariencias y concepciones ordinarias por una apariencia divina. Sin embargo, el concepto "deidad" conlleva connotaciones extrañas, para algunos representa un ser poderoso al que se le han de hacer ofrecimientos para satisfacer sus deseos, para otros es un aliado con poderes mágicos. Pero en el contexto del mantra secreto, deidad o yidam en tibetano, es más bien una representación del aspecto Iluminado de nuestra propia mente. La deidad es una entidad que personifica cualidades particulares de la mente Iluminada y sirve para que el practicante despierte progresivamente estas cualidades en su propia consciencia. Es una llave para abrir el cofre de los tesoros de nuestra propia Iluminación. Las deidades tántricas son como arquetipos que activan aspectos muy positivos de nuestra mente que, por ahora, están fuera de nuestro alcance. Por medio del yoga de la deidad uno supera los engaños y adquiere las cualidades de la Iluminación personificadas en la deidad que practica.

Hay cuatro tipos de tantra, diferenciados por la relación que se establece con la deidad en cuestión y por el grado de deseo con que el practicante trabaja su propia transformación. El objetivo de las prácticas tántricas es trascender nuestras limitaciones producidas por las concepciones y percepciones ordinarias. Al nivel del Tantra Superior se le añade además el objetivo de despertar nuestra mente muy sutil para meditar con ella en la vacuidad y llegar rápidamente a la Iluminación. Esta mente tan sutil es extremadamente poderosa y, una vez manifestada, nuestra muerte y estado intermedio se producirán de manera controlada y, como consecuencia, la reencarnación será voluntaria. El dominio de este proceso explica por qué grandes maestros tibetanos, al morir, están días y días sumidos en estados de profunda meditación y su cuerpo no se corrompe hasta que finalmente su mente entra en el estado intermedio y, posteriormente, se reencarna de manera voluntaria.

Este nivel de mente tan sutil, libre de concepciones e increíblemente gozosa, está aletargada en nuestro interior y sólo se activa en el sueño profundo y en el momento de la muerte, sin embargo, nosotros no somos conscientes de ello. El nivel superior del tantra contiene métodos para activarla y utilizarla a voluntad.

Enseñar tantra no puede hacerlo quien lo desee, sino que es responsabilidad de un lama plenamente cualificado y hábil para dar la Iniciación de la deidad específica. En la Iniciación o Transmisión de Poder, el lama o maestro deposita en nuestra mente las semillas que mediante la práctica activarán nuestro potencial de llegar a ser budas.

Las instrucciones de cómo llevar a cabo correctamente la práctica o sadhana del tantra en cuestión deben recibirse también de alguien cualificado y experto en ella. Idealmente, esta práctica de meditación, debería practicarse cada día ya que, además de mantener viva la Iniciación, nos acercará a la deidad, integrando cada vez más sus cualidades en nuestra mente. Si es posible, de vez en cuando, el practicante debería entrar en retiro meditacional para tener una experiencia más profunda de la deidad. Y sobre todo estar cerca del maestro para recibir su inspiración y aconsejarnos en los posibles errores que podamos cometer.

La Meditación

Los vuelos espaciales son meramente un escape,
un apartarse de ti mismo porque es más fácil
ir a Marte o a la Luna que penetrar en tu propio ser

Carl Gustav Jung

Objetivos de la Meditación

Al hablar de meditación es importante tener conceptos claros al respecto y sobre todo, estar convencidos de que su práctica conlleva beneficios.

A continuación, se dará una noción general del uso de la meditación budista observando las tres etapas siguientes: tranquilizar la mente, observar, transformar.

Tranquilizar la mente
Nuestro objetivo es observar y transformar nuestro interior, para ello es necesario llevar a la mente a un estado apacible, a un espacio claro, fruto de haberse apartado de preocupaciones cotidianas: "apearnos del mundo durante un rato". Tratamos, por decirlo así, de ignorar el mundo durante un período de tiempo, dejando que todo fluya sin prestar demasiada atención a lo que pudiera alterar este espacio de paz, este paréntesis mental provocado por uno mismo.

Cuando cerramos los ojos notamos una corriente ininterrumpida de pensamientos, imágenes, recuerdos que huyen sin control. Hemos de cortar con ella si deseamos meditar. Un método para tranquilizar la mente que siempre tenemos a mano, estemos donde estemos, es concentrarla en nuestro proceso respiratorio. Hay varias razones por las que es útil seguir nuestro aliento con atención. Es un objeto fácil al que asirse. Puesto que la mente sólo puede enfocarse en un objeto a la vez, si nos enfocamos en la respiración, tendrá que dejar los demás pensamientos y de manera natural se calmará. Enfocarse en la respiración neutraliza la mente, la deja en un estado adecuado para transformarla en lo que deseemos.

Al existir una estrecha conexión entre la respiración y la mente -notamos claramente cómo el enfado, la excitación o la alegría agitan nuestro proceso respiratorio- al concentrarnos en una respiración tranquila, la mente se aquieta. Es como cuando intentamos enhebrar una aguja, instintivamente se dispara un reflejo que calma nuestra respiración y tensa nuestro pulso.

Implicarse en la meditación de la respiración proporciona beneficios inmensos. Reduce el estrés, la preocupación, la ansiedad ya que nos permite descargar el gran peso con que nos movemos cada día. Normalmente estamos demasiado cerca, demasiado implicados en todas las situaciones y problemas que nos acontecen, de modo que nuestra mente se tensa y se vuelve parte del problema. Nuestro estado de humor sube y baja según sea la situación externa, porque el entorno nos controla y no a la inversa. Si logramos extraernos aunque sólo sea unos minutos se crea un espacio desde donde poder responder de manera voluntaria, y no de manera automática ante cualquier situación. En vez de seguir la primera reacción de la mente, tendremos la oportunidad de actuar con sabiduría. Un gran filósofo chino, Lao Tse, solía decir "los estúpidos reaccionan, los sabios actúan".

Si estamos interesados en meditar, es vital enfatizar esta primera etapa. Una meditación correcta depende de buenos preparativos, no consiste sólo en sentarse, cerrar los ojos y entrar de inmediato en una nube de felicidad, al contrario el proceso es laborioso. Pero unos buenos preparativos aseguran el resultado final la mayoría de las veces.

Observar

Cuando la mente está ya más calmada, entramos en la segunda etapa, tratar de dilucidar la atmósfera de nuestra mente, lo que uno piensa y cómo reacciona; es como un proceso gradual de autoconocimiento. Continuamente experimentamos estados mentales que cambian de manera descontrolada, como el tiempo: primero hay viento, luego el cielo se nubla, después llueve o nieva y quizá más tarde sale el sol. Algunos de los estados mentales por los que pasamos son positivos, otros negativos y otros neutros. Apoyándonos en el estudio del Dharma, aprendemos a distinguir entre estados positivos y negativos.

Hemos pasado la mayor parte de nuestra vida tratando de descubrir el mundo exterior, pero quizá hemos descuidado la importancia de viajar hacia dentro. Al menos deberíamos comprometernos a tener tanta información del mundo interno como del externo.

¿Qué entendemos por un estado positivo y otro negativo? Hay un largo elenco de emociones negativas como el odio, la aversión, la envidia, el rencor, la competitividad, y un largo etcétera a los que ya antes hacíamos referencia clasificándolos como engaños. La característica común a todos ellos es que roban nuestra paz. Estos deben ser identificados para disminuir su poder sobre nosotros. Pero, existen otra serie de factores que no son tan emocionales, sino puntos de vista sobre nosotros y la realidad que nos inquietan a un nivel más profundo y que son los responsables de la proliferación de las emociones antes mencionadas. Aunque son muchos, los más determinantes son, la visión limitada de nuestra propia potencialidad como seres humanos, de la vida y de la muerte. El convencimiento de que nuestros actos y pensamientos no producen resultados significativos a nuestro alrededor, el resistirnos al hecho de que existe la liberación del sufrimiento, el cerrar filas ante la idea de que es necesario ser egoístas para sobrevivir, el tomar como felicidad lo que en realidad es sufrimiento, el tomar como permanente lo que es impermanente o el tomar como autoexistente lo que es dependiente.

Una vez identificados estos conceptos y visto como nos perjudican, tratemos de investigar la relación existente entre ellos y nuestros actos. Es decir, ¿cómo actuamos cuando estamos deprimidos, confundidos, decepcionados? Es vital entender que reaccionar en base a los conceptos citados anteriormente no nos permitirá superar tales estados y avanzar en el desarrollo espiritual.

Pero descubrir todas estas cosas no es algo que vaya a suceder por las buenas, de un día para otro. Todo el esfuerzo es poco. Una vez más, la importancia del estudio es primordial. En realidad, el proceso de observación de la mente requiere de estos tres puntos: escuchar, contemplar y meditar. Escuchar no sólo entraña escuchar enseñanzas de Dharma, sino discutirlas, leerlas una y otra vez, clarificar dudas, memorizarlas, en definitiva empapar de ellas nuestra mente. Es imposible tener una buena meditación aislada del contexto del estudio. Tampoco es correcto pretender que podemos hacerlo solos, sin la ayuda de aquellos que conocen el mundo interno mejor que nosotros.

Es importante aceptar nuestros estados mentales, nuestros actos, nuestras experiencias y la relación dependiente entre ellos como parte de nuestra realidad, igual que aceptamos las características del mundo físico.

Hemos de ser honestos y preguntarnos ¿qué hemos hecho hasta hoy? después del desconcierto de la infancia y adolescencia hemos estudiado, hemos encontrado un trabajo, tal vez nos hemos afiliado a un grupo político o un equipo de fútbol, hemos admirado a las estrellas de Hollywood, hemos leído libros de nuestros autores favoritos, quizá hemos viajado y conocido mundo, hemos asistido al desmembramiento del comunismo, hemos visto avances científicos impresionantes y tantísimos otros acontecimientos. Pero ¿de qué nos servirá todo este conocimiento cuando estemos a punto de hacer nuestra última exhalación? ¿De qué nos sirve cuando no podemos controlar nuestro mundo interno? ¿nos hace sentir más felices? Si somos honestos con las respuestas, no cabe duda de que es una idea más que razonable empezar a pensar un poco sobre nuestro mundo interno.

Transformar

Por lo mencionado hasta ahora, parece claro que si queremos mejorar nuestras vidas hemos de mejorar nuestras mentes. Entender cómo funciona nos permite controlar la mente de la misma manera que la comprensión del manejo de un coche nos permite dominarlo.

Controlar la mente no significa reprimir las emociones o vivir con una especie de policía espiritual en nuestro interior. Más bien entraña reducir y erradicar los estados mentales negativos y potenciar los positivos. Este es el objetivo real de la meditación. Por tanto, de la misma manera que nadie se imagina un día sin comer o beber, no debería pasar un día sin sentarnos a meditar un poco. La meditación alimenta nuestra mente como la comida alimenta nuestro cuerpo.

Un punto importante de la meditación es la constancia. Sesiones cortas pero regulares proporcionan más beneficios que largas meditaciones poco frecuentes. Meditar en todos los temas mencionados a lo largo del texto, acostumbrar nuestra mente a ellos hasta hacerlos parte de nuestra vida, es lo que produce la transformación.

El Arte de Meditar

Dejando por sentado que el objetivo de nuestra práctica de meditación es sustituir nuestras visiones erróneas de la realidad por visiones correctas, empezamos el proceso de transformación.

Consejos prácticos

Aunque la meditación es un tema muy vasto aquí se expondrán unos consejos generales que pueden ayudar a empezar a observar el mundo interior.

Uno puede meditar donde desee, aunque es aconsejable contar con un lugar fijo desde el principio; debe ser un lugar agradable y si es posible silencioso.

Meditar a la misma hora cada día es una ayuda adicional. Por la mañana es un buen momento ya que la mente aún no ha sido bombardeada por la actividad cotidiana. Como principiante, uno debería meditar alrededor de quince minutos como máximo. Si tenemos una buena meditación desearemos continuar pero aun así, pasados los quince minutos, nos levantamos y dejamos la meditación; es mejor levantarse de la mesa sin estar llenos del todo que hacerlo cuando apenas podemos alzar los pies. Gradualmente podremos ir aumentando el período de tiempo. Por otro lado, si la meditación va mal... y muchas veces será así, no debemos dejarla hasta haber transcurrido el tiempo fijado.

La posición más adecuada para meditar es la siguiente: sentados en el suelo con uno o dos cojines, tratamos de cruzar las piernas adoptando la postura del loto, es decir montando cada pie en el muslo contrario. Si resulta demasiado complicado, no hace falta mortificarse, basta con dejar la espina dorsal estirada aunque relajada al mismo tiempo. Los hombros relajados, pero en equilibrio y las manos recogidas unos cuatro dedos por debajo del ombligo; la derecha colocada sobre la izquierda de manera que los pulgares de ambas manos se toquen ligeramente. La cabeza erguida y la barbilla ligeramente metida hacia dentro. Los ojos pueden dejarse entreabiertos o cerrados por completo. La boca cerrada, sin tensión con la lengua contra el paladar superior justo por encima de los dientes, de este modo se evita una excesiva segregación de saliva.

Puede ocurrir que la postura descrita resulte demasiado incómoda, pero es bueno habituarse a ella ya que tiene muchos beneficios. No obstante, se puede meditar sentado en una silla siempre y cuando la espalda esté derecha.

Una vez sentados, intentamos recoger la mente y tratamos de relajar el cuerpo por unos instantes. A continuación nos determinamos a desconectar durante los próximos quince minutos del ajetreo y problemas que podamos tener. No hay que temer por ello, cuando la meditación se termine, los problemas seguirán allí, pero desconectarse durante un rato será beneficioso y nos dará energía para afrontarlos con mayor objetividad.

Seguidamente llevamos la atención a la punta de los orificios nasales y la dejamos allí observando el proceso respiratorio, "ahora entra el aire, ahora sale...". Al principio no podremos estar ni diez segundos siendo conscientes de este proceso; la mente se escapará, recordará la película del domingo, se entretendrá con un pensamiento gracioso, surgirán fantasías sobre el futuro o recuerdos del pasado. No nos daremos cuenta y ya habrán pasado los quince minutos y no habremos estado concentrados en el proceso respiratorio ni treinta segundos. No hay que desesperar. Al día siguiente lo volvemos a intentar, si la mente se escapa de la respiración no pasa nada, siempre y cuando *nos demos cuenta de ello*. Cuando ocurre, volvemos a colocarla sobre la respiración.

Al meditar, irán apareciendo distintas sensaciones: por un lado veremos el poco control que tenemos sobre la mente, hace lo que quiere, se va de un lado a otro y divaga; por el otro surge el aburrimiento, al principio no hay sensaciones especiales al meditar, parece que no pase nada. En este punto, muchos dejan la meditación, ya no quieren saber nada más de ella. Hemos de entender este aburrimiento como un mecanismo de defensa de la propia mente para hacernos desistir de nuestro intento de dominarla.

La meditación es el único medio para domar la mente y ésta se resiste a perder el control que ejerce sobre nosotros. Si desistimos por causa del aburrimiento no habrá manera de dominarla ni, por supuesto, transformarla. Hemos de entender que este aburrimiento no es el fin del mundo sino la antesala de uno nuevo. Si persistimos en nuestros intentos por meditar, esta etapa se superará y entraremos en el mundo de la meditación, con sus desafíos y experiencias. Es posible, pues, que al principio la meditación traiga consigo un gran desengaño, no hay gozo, ni paz, ni lucidez, sólo oscuridad. Pero la paciencia, la constancia y el esfuerzo son nuestras armas, sobre todo al empezar. Si se medita un día sí y dos no, difícilmente vendrán los resultados. Si queremos hervir el agua de un cazo pero continuamente encendemos y apagamos el fuego, no lo conseguiremos. Al principio y para mantener la constancia hará falta el esfuerzo, la perseverancia un día tras otro, pase lo que pase. Con el tiempo meditar será un placer.

Los beneficios de la meditación en la respiración son muchos, sirve para integrar las energías dispersas, calmar la mente y, en la tradición tibetana, como ejercicio previo a la meditación analítica que se explica a continuación. Sin embargo, para el principiante es aconsejable centrarse durante un tiempo *únicamente* en la respiración para habituarse a meditar.

En una meditación correcta se distinguen tres etapas: motivación inicial, meditación y dedicación de los méritos.

Motivación inicial

Meditar es una acción mental y como tal, su significado y valor está determinado por la motivación con que se lleva a cabo. Si meditamos con una motivación negativa, dejará una impresión de esta naturaleza en nuestra mente, pero si lo hacemos con una motivación positiva será un acto constructivo cuyas consecuencias serán siempre favorables.

Inconscientemente, podemos estar motivados para impresionar a los amigos; "¡he dado con el método para acabar con el estrés!" o quizá buscamos simplemente relajarnos. Pero estas motivaciones no aportarán ningún progreso interno. La mejor motivación es meditar con el sentimiento de renuncia y bodhichita a los que se hacía alusión en capítulos anteriores. Podemos pensar: "Voy a meditar para ir eliminando mis visiones erróneas y cultivar mis aspectos positivos hasta su perfección y ser capaz de ayudar a los demás". El buen practicante no debe ver su desarrollo interno como un *fin,* sino como un *medio* para ayudar a los demás. Esta motivación será artificial al principio, pero aun así hemos de generarla porque un día llegará a ser auténtica. Lo que hacemos ahora es un entrenamiento de la mente, simulamos una motivación superior con el firme propósito de que tarde o temprano sea una realidad.

Es fundamental no olvidar este primer paso al empezar a meditar. La motivación correcta es el suelo sobre el que vamos a construir el edificio de nuestro desarrollo espiritual. Desgraciadamente, en muchas ocasiones, se descuida este punto.

Meditación

Una vez centrada nuestra mente con la meditación en la

respiración y ya habituada a meditar con regularidad, pasamos al cabo de un tiempo -es distinto en cada persona, uno mismo debe valorar su capacidad- a la meditación analítica. En este caso distinguimos claramente dos etapas: análisis y emplazamiento.

El objetivo del análisis es conducir a la mente hacia el objeto de la meditación. Todos los temas mencionados, el potencial humano, la renuncia, el amor... son objetos de meditación válidos para transformar la mente y de todos ellos existen extensas explicaciones proporcionadas por los maestros. Es especialmente recomendable la lectura y estudio del Lam Rim. El primer libro de Lam Rim que se publicó en castellano es *Senda de Luz* cuyo autor es el Venerable Lama, Gueshe Tamding Gyatso. Es muy beneficioso conocer estas informaciones e investigarlas minuciosamente.

En el budismo se enfatiza reiteradamente la importancia de escuchar o leer enseñanzas una y otra vez ya que no existe otro modo de conocer el objeto y sin conocerlo es imposible meditar en él.

Una vez comprendido el tema en cuestión, se analiza -en meditación-, desde todas las ópticas posibles para ver si es lógico y consistente. Tras investigarlo durante un rato surgirá en la mente un convencimiento o experiencia del objeto analizado. Esta experiencia puede ser una imagen, una sensación o un estado mental. Estamos listos para emplazar; emplazar significa parar de analizar y colocar la mente sobre el resultado de nuestro análisis. Dejamos que la mente se inunde de la sensación surgida y se funda con el objeto. Enfocamos la mente sobre el objeto, sin análisis ni distracción por tanto tiempo como podamos.

Sin embargo, como ocurría al meditar en la respiración, la mente estará sobre ese objeto unos segundos y lo abandonará caprichosa. Tan pronto como se pierda la experiencia, regresamos de nuevo a la primera etapa: analizar el objeto de meditación para que surja la experiencia. Entonces, lo volvemos a sostener con nuestra concentración.

Este proceso de *buscar, encontrar, sostener y perder* se repite tantas veces como tenga que durar la meditación. Gradualmente seremos capaces de sostener el objeto en la mente más y más tiempo, de manera que nuestra comprensión del mismo aumentará.

Meditar no es un proceso fácil, es como enseñar a sostener un balón a un bebé. Al principio se lo damos y no puede sostenerlo, se le cae, pero si nos desanimamos por esto y cesamos en nuestro empeño, el bebé nunca aprenderá. En cambio si insistimos una y otra vez acabará por entender. Nuestra mente al meditar es como un bebé con el que hemos de ser pacientes. Cuando la mente se acostumbra a enfocarse sobre estas visiones correctas de la realidad, empieza a transformarse al tiempo que van creciendo en lo más profundo de nuestro ser una sabiduría y un conocimiento especiales.

Los dos factores más importantes en la meditación son la atención y la vigilancia. Con la primera, la mente se enfoca sobre el objeto; es lo que se familiariza con el objeto. La vigilancia, por otro lado, no permite que la mente se distraiga y, en caso de hacerlo, la vuelve a colocar sobre el objeto.

En las primeras etapas de meditación hemos de ser conscientes de dos obstáculos inevitables: el vagabundeo y la excitación. El primero ocurre cuando, al meditar sobre la respiración, por ejemplo, empezamos a pensar en el amor o la renuncia; el segundo tiene lugar cuando nos distraemos con pensamientos sobre los negocios, el novio, la novia, etc. Existen otros obstáculos que se van produciendo a medida que avanzamos en la meditación. Es conveniente pedir consejo a un buen practicante que haya pasado por este proceso y sea capaz de resolver correctamente nuestras dudas. No obstante, el vagabundeo y la excitación nos darán trabajo durante bastante tiempo.

Dedicación
Con esta etapa se concluye de forma correcta nuestra meditación. Consiste en pasar unos momentos contemplando lo que hemos extraído de la meditación y dedicar esta energía positiva acumulada como causa para llegar al estado de Perfección para beneficio de los demás.

He aquí algunos ejemplos de meditaciones muy simples que podemos empezar a practicar desde hoy mismo.

Meditar en el amor
Una vez sentados en posición cómoda y relajada pasemos a observar nuestro proceso respiratorio unos minutos como ya se ha indicado previamente. Tras este paso, constatamos cierto nivel de calma interior, desde este espacio empecemos una reflexión sobre la amabilidad de todos los seres que nos rodean. Pensemos en los esfuerzos que nuestros padres han dedicado para nuestro beneficio. Recordemos a los maestros que hemos tenido desde nuestra infancia y sus esfuerzos para enseñarnos a leer o escribir. Recordemos a todas aquellas personas anónimas que también han sido amables con nosotros; la casa en la que vivimos ha sido diseñada y construida por personas que quizá ni tan siquiera conocemos. La comida que ingerimos es el producto del trabajo de un montón de gente. También los placeres cotidianos dependen siempre de la amabilidad de otros. Cuando vamos al cine, nos sentamos cómodamente a disfrutar lo que a otros les ha costado meses realizar.

Usando ejemplos de nuestra vida, pasemos unos minutos

alrededor de estos pensamientos, sin distracción hasta que nuestra mente se empape tanto de ellos que se transforme en un estado de reconocimiento sincero hacia todas estas gentes. Una vez llegados a este punto, formulemos sinceramente estos pensamientos "ojalá todos ellos gocen de felicidad y consigan la Iluminación". Tratemos de mantener la mente en este estado mental provocado: esta es la meditación del amor. Con atención y vigilancia nos concentramos, mezclamos este deseo con la mente hasta que sean una sola cosa. Tratemos de mantener este sentimiento. Tiñamos de amor nuestro corazón.

Como se ha explicado, transcurrido el tiempo que se haya fijado de meditación, dedicamos la energía positiva **con el propósito de que no se pierda.**

Meditar en el potencial humano
Empezamos con la meditación en la respiración, para dar paso al proceso de análisis que consistiría en reflexionar así "Como humano tengo una oportunidad especial, puedo pensar y discernir entre lo correcto e incorrecto, tengo mis sentidos en perfecto estado, tiempo para dedicar al desarrollo interno y una inteligencia superior a la de otras formas de vida. Tengo acceso a instrucciones espirituales válidas y comprobadas con éxito por muchos seres que me han precedido, existen personas cualificadas y Maestros que pueden aconsejarme de la manera más correcta...".

Tras sopesar todos estos puntos e investigarlos, tratemos de despertar un sentimiento de alegría por ser lo que somos: seres humanos capaces de ir más allá de sus límites. Este reconocimiento despertará una fuerza, una confianza en nosotros mismos que se convertirá en el mejor aliado en la búsqueda de la Iluminación. Concentrémonos en este sentimiento durante un rato y concluyamos la meditación con la dedicación de los méritos creados.

La meditación del amor nos hace sentir más cerca de los demás, nos hace apreciar el valor de un amigo, en definitiva, nos hace sentir solidarios con el resto de la humanidad. Al meditar en el valor de nuestro potencial humano, levantamos nuestro ánimo y alejamos de la mente la depresión. Pero no debemos olvidar la importancia de meditar en el sufrimiento, en la impermanencia y en la inevitabilidad de la muerte para ser en todo momento conscientes de nuestra situación real y para motivarnos a seguir meditando.

Meditar en el sufrimiento
Como antes, tras calmar la mente, enfocamos la atención en aspectos de nuestra realidad que, no por desagradables, deben apartarse del pensamiento. Pensemos en la incertidumbre de nuestra vida, relaciones, bienes y amistades; en la soledad profunda a la que está sumido el ser humano, busquemos en lo más profundo hasta tocar esta soledad. Pensemos en la muerte, en el ciclo que nos aguarda de volver a nacer, a morir. Pensemos en las diversas frustraciones a que nos tenemos que enfrentar día a día. Este proceso analítico que hace girar la mente alrededor de estos hechos, debe hacerse desde un estado de calma, analizando si son o no aspectos de nuestra realidad. Todo ello con el objetivo de producir una consciencia especial y nueva que traducida en palabras sería como decir "debo empezar a trabajar para liberarme de esta esclavitud". Al generar este estado experimentamos alivio y bienestar porque es como darnos cuenta de que hemos estado buscando la felicidad en dirección contraria; hasta ahora hemos pensado que ignorar la soledad, la frustración, confundir la felicidad con lo que no es más que una disminución del sufrimiento, era

la felicidad real; ahora por vez primera dejamos de engañarnos. Tomamos conciencia de que ésta no era la puerta correcta, la única puerta correcta es el estado conocido como renuncia, ya no nos dejamos engañar más. Seguiremos experimentando los mismos pequeños placeres, pero no los confundiremos con la felicidad que buscamos, nos libraremos de la dictadura a que nos somete la ilusión: "puedo ser feliz en samsara".

Dejar que la mente se empape de este nuevo estado sería la conclusión de meditar en el sufrimiento: el sentimiento de la renuncia. Concluir la sesión con una buena dedicación.

Meditar en la impermanencia y la muerte
El resultado de meditar en estos dos aspectos de nuestra realidad física y psicológica es aflojar la tendencia innata que tenemos de creer que somos entes permanentes y así fluir con elegancia en el mundo. Tras acceder a la calma que produce centrarse en la respiración podemos empezar reflexionando analíticamente en los cambios que se han producido en el medio ambiente en los últimos años. Pueblos y ciudades han cambiado mucho, pensemos en el lugar donde hemos nacido, cómo era entonces y cómo es ahora. Pasemos a observar los cambios acontecidos en nuestro cuerpo físico, en nuestro rostro, nuestro pelo, etc. Pensemos en las diferentes ideas que hemos tenido desde la adolescencia hasta la actualidad, sintamos el profundo cambio en nuestra forma de vida.

Pasemos a un nivel más microscópico y tratemos de sentir cómo nuestro cuerpo cambia segundo a segundo, tratemos de seguir los cambios en el plano mental, nuestra mente cambia momento a momento. Investiguemos hasta llegar a la conclusión de que no hay descanso en este proceso de cambio constante. Estamos viendo una realidad nueva, la del cambio sutil e imperceptible pero no por ello irreal. Observemos ya sin investigar más esta realidad nueva; dejemos que la mente lo atestigüe constantemente sin tratar de forzarla. Mantener la mente consciente de la impermanencia sutil es trabajo de nuestra atención y vigilancia mentales que nos permitirán estar allí concentrados.

Para meditar en la muerte analicemos cómo todos los seres, tarde o temprano, hemos de fallecer. Mueren los padres, los familiares, tanto seres famosos como anónimos y lo que es más contundente, la muerte nos puede llegar en cualquier instante porque no distingue entre edades, clase social o reputación; puede llegar esta misma noche. Cuando salta el temor a esta incertidumbre nos aferramos a él y lo aguantamos con la mente. La conclusión de nuestra meditación será "la vida pende de un hilo que puede romperse en cualquier momento: voy a practicar Dharma desde ahora mismo". Sólo el Dharma hará posible que nuestra muerte no sea sólo el final de una vida, sino la continuación de un progreso espiritual. El Dharma nos dirigirá a un estado más allá de la muerte ordinaria.

Recordemos que al final de la meditación debemos dedicar la energía positiva acumulada.

Estas breves meditaciones descritas pueden ser el comienzo de un desarrollo de nuestro ser. Practicándolas con regularidad, haciendo un ciclo -es decir, dedicando un día a cada una de ellas- o haciéndolas todas en una sola sesión, empezaremos a sentar las bases de una práctica seria que podemos ir ampliando a medida que se amplíen nuestros conocimientos.

Meditar, pues, significa familiarizar la mente de manera constante con objetos de conocimiento beneficiosos. En este contexto, cultivamos las actitudes correctas descritas y permitimos que nuestra mente se absorba en ellas. Al salir de la meditación intentamos mantener estas actitudes a lo largo de todo el día, permitiendo que se filtren a través de nuestras acciones. Meditar no significa convertirse en un ser atrofiado que se encierra a oscuras en una habitación. Al contrario, el meditador vive de manera más intensa. Una hábil integración de la meditación en nuestra vida, la hace relevante ya que podremos mantener nuestros pensamientos e impulsos bajo control, orientando la dirección de nuestro comportamiento hacia donde deseemos. Teniendo control sobre nuestro comportamiento, tendremos control también sobre nuestra vida. Controlar nuestra vida es el objetivo mínimo al que deberíamos aspirar si deseamos que nuestra estancia en este mundo sea significativa.

Retiro

En las diferentes escuelas budistas se anima al practicante a pasar períodos intensivos de meditación. El período de tiempo varía según el tiempo libre y la capacidad del practicante. Estos retiros forman una parte activa de la práctica. Se pueden hacer en solitario o en grupo. El retiro puede ir desde un fin de semana a una semana, un mes, un año o incluso más.

Es una situación en la que el practicante corta de manera *voluntaria* con su actividad cotidiana normal. Si puede, mantiene silencio, lo cual crea una atmósfera aún más propicia para desarrollar concentración. Estas condiciones facilitan el retiro de la mente, el más difícil y que, en pocas palabras, significa absorberse totalmente en la práctica de meditación elegida.

El retiro es un medio para tener una experiencia de primera mano de lo mucho que necesitamos domar y transformar la mente. Por otro lado, un intensivo de meditación sirve para actualizar el camino y mantener así viva la enseñanza en nuestro interior.

Acción

Practicar en el Templo es fácil, practicar en la calle es más difícil, pero practicar en tu casa es mucho más difícil todavía

(proverbio japonés)

Diversos senderos budistas

Ser budista es fácil, ser un buen budista cuesta un poco más. La práctica de un buen budista podría resumirse en estas tres actitudes: tratar en todo momento de ejercer un dominio sobre la mente, no perjudicar a otros seres y esforzarse por actuar en beneficio de los demás.

Existen tres códigos éticos según los cuales el practicante deberá regir su vida: theravada, mahayana y tantrayana, si es que ha recibido Iniciaciones tántricas del Mantra Secreto. Estos tres tipos de disciplina le ayudan a cultivar los respectivos niveles de práctica.

El Dharma theravada, el más austero de los tres, hace un gran hincapié en no dañar o perjudicar a los demás. Por este motivo uno procura con gran énfasis apartarse de cualquier acción negativa. Haciéndolo así, cumple con la esencia de este nivel de práctica: la no violencia. En este nivel, algunos maestros aconsejan "apartarse de los objetos que producen engaños".

En el Dharma mahayana, el énfasis mayor radica en ayudar a los demás entrenándonos en el amor y la compasión. Por este motivo, se acentúa de manera especial, la motivación bodhichita que determinará la calidad de nuestras acciones. En este contexto, lo principal es la motivación de nuestros actos. Una acción será positiva o negativa en dependencia de la motivación con que se lleva a cabo. Además el practicante tiene acceso a unas instrucciones especiales para transformar las circunstancias adversas en camino espiritual. Cuando se encuentra en situaciones de depresión, víctima de estados mentales perjudiciales como el odio, la envidia o, sencillamente, cuando las cosas no le van bien, se vale de ciertos métodos para "acomodarse" a la situación de manera hábil y transformarla en camino a la Iluminación. En este sentido el camino de un practicante mahayana se define como "ir de gozo en gozo hacia el gran gozo". El practicante hábil dispone de determinados resortes especiales para transformar todo aquello que le hace sufrir en método para avanzar en el camino a la Iluminación.

Estos resortes implican poner en práctica la técnica denominada *dar y tomar*, en tibetano *tong len*. Con ella, al topar con cualquier dificultad ésta le ayuda a despertar amor, compasión, y otros estados mentales de esta naturaleza que minimizan el malestar.

La disciplina tántrica implica las motivaciones previamente mencionadas. El tantra consiste en transformar cualquier apariencia, sonido y pensamiento en la actividad de la deidad a la que uno está conectado a través de una Iniciación. De esta manera, protege la mente de su atmósfera samsárica habitual y la lleva al sendero de la Iluminación. La disciplina tántrica no enfatiza el apartarse de objetos que producen engaños, o de los engaños mismos, sino el despertar una atención diferente con la que transformar tanto la relación que tenemos con los objetos como la que tenemos con el propio yo. Es un método muy veloz para apartarse de los engaños, pero para practicarlo uno ha de tener ciertas cualificaciones que sólo se consiguen al lado de un Maestro plenamente calificado.

El Maestro

No te apoyes solo en la persona, sino en el Dharma
No te apoyes solo en las palabras, sino en su significado
No te apoyes solo en el significado interpretativo, sino en el definitivo
No te apoyes solo en la consciencia sino en la sabiduría

Shakyamuni Buda

Maestro, lama, gurú

Lama es la versión tibetana del término sánscrito gurú y ambos se refieren a aquella persona que nos enseña el Dharma. *Gu* significa oscuridad, *rú* luz. El maestro auténtico es el que hace desvanecer la oscuridad de la ignorancia y otorga la luz de la sabiduría.

Un buen maestro es como un electricista espiritual, activa nuestra energía interna y desplaza las tinieblas de nuestra oscuridad mental. Cuando hay un apagón en casa, nos afanaremos en repararlo enseguida ya que a oscuras se suceden los desastres, tropezamos con las cosas y no sabemos en qué lugar de la habitación nos hallamos. En nuestro interior hay un apagón desde tiempo sin principio, muchos quizá, aún no han encontrado al electricista adecuado y, lo que es peor, aún no se han dado cuenta de que viven en las tinieblas.

Un maestro sabe revelar las etapas del camino a la Iluminación de manera inmaculada y, al mismo tiempo, tiene una experiencia de todas ellas. Es un fiel ejemplo del que aprender en todo momento. Posee un conocimiento inagotable de la mente y cómo trabajarla. El tipo de felicidad que se desprende al poner en práctica sus enseñanzas es ilimitada, no es de extrañar que los que aprecian de verdad su importancia, se postren ante él. Es una postración no tanto a la persona sino a lo que significa para el propio estudiante, para su evolución interior. El Maestro representa el estado iluminado hacia el que nos encamina, en este sentido, la postración va dirigida hacia nuestra propia Iluminación futura. Un guía espiritual auténtico no exige nuestras postraciones ni desea nuestros ofrecimientos, lo único que le hace verdaderamente feliz es que pongamos en práctica sus enseñanzas y nos liberemos de los engaños. Pese a que le debemos inmenso respeto y agradecimiento, no deberíamos mitificar en exceso a un maestro. Algunos extremistas le veneran como si de un Dios se tratase, obviando la parte humana que el maestro nos enseña y de la cual, muchas veces podemos aprender también. El maestro no es un Dios omnipotente conocedor de todas las cosas que confiera la felicidad al tocarnos con sus manos santas. El maestro indica, muestra y demuestra; nuestra mayor obligación para con él es caminar según sus consejos.

Es inevitable que la idea de gurú vaya asociada, en ocasiones, con actitudes equivocadas sobre la relación que se ha de tener con él. No es el dictador que nos indica qué pensar, cómo vestir y con quién hablar. A lo largo de la historia ha habido y seguirá habiendo falsos maestros que lo único que desean es aprovecharse de la buena fe y ansias de crecimiento de los demás. Pero esto ocurre en todos los campos de la vida, en la política, la economía, arte, etc, hay gente sin escrúpulos que se aprovechan de los ingenuos e incautos. En este sentido y por desgracia, el terreno espiritual no es una excepción. Por esta razón los textos budistas dan muchas indicaciones para que el estudiante juzgue a su maestro y vea si realmente tiene las cualidades necesarias. Del mismo modo, se dan indicaciones para que el maestro compruebe si el estudiante tiene o no cualificaciones.

Se dice que hoy en día, encontrar a un lama con todas las cualificaciones no es nada fácil, pero no debemos dejar de buscar a alguien con estas características:

1. Que tenga más conocimiento del Dharma que las personas a quienes enseña
2. Que tenga más interés en las vidas futuras que en la presente
3. Que mire con amor y compasión a sus estudiantes
4. Que no se canse de dar enseñanzas.

El estudiante, por su lado, ha de ser sincero y respetuoso. Otro punto que establece si un maestro y su enseñanza son de fiar es el linaje de lo que transmite. Las enseñanzas budistas que detentan los lamas del Tíbet han sido transmitidas sin interrupción de maestro a discípulo desde el tiempo de Shakyamuni Buda. Algunos grandes lamas dan otra medida para no equivocarnos al seguir a un maestro, te dicen que en el Tíbet se sabía si quien enseñaba Dharma era de fiar o no preguntando ¿quién es su maestro? El linaje es la garantía de que la enseñanza que se recibe es pura e incorrupta, libre de interpretaciones, muchas veces erróneas. Es la prueba de calidad, la denominación de origen de una corriente de sabiduría milenaria, pero tan viva como en sus principios.

A pesar de todo, muchos sostienen que para conocerse a sí mismos o llegar a la Iluminación no es necesario tener un maestro. Es muy bueno investigar de donde vienen estas "resistencias". ¿Por qué se niegan a cooperar con un maestro? Después de todo, para aprender a caminar, alguien nos enseñó y lo mismo para aprender el oficio del que vivimos; no hay nada que hayamos aprendido completamente solos. ¿Por qué razón en el campo del desarrollo de la mente, el conocimiento más difícil y profundo de todos, no hará falta un maestro? Por un lado, tenemos a los que veneran al gurú como a un Dios y por otro a los que caen en el extremo opuesto. Una vez más, ello indica la necesidad de seguir un camino medio.

No puedo dejar de mencionar un ejemplo de lama auténtico, Gueshe Tamding Gyatso que pasó un riguroso y académico adiestramiento intelectual primero en Tíbet y posteriormente en la India. Como le gusta a él decir "estudié más de cuarenta años y aún no lo sé todo". Puedo atestiguar que aún hoy, cerca de los setenta, sigue estudiando diariamente las escrituras y a veces me sorprende cuando con una gran alegría descubre algún detalle que se le había pasado por alto. Por descontado, este riguroso adiestramiento va acompañado diariamente, y en períodos de retiro, de las diversas meditaciones de sutra o tantra.

Una historia del budismo zen ilustra la raíz de los muchos obstáculos creados por uno mismo para entrar en el sendero interno. Un profesor de universidad visitó a un maestro para preguntar sobre la práctica espiritual. El maestro zen le sirvió te, llenando la taza de su invitado hasta rebosar. El profesor viendo que el té se estaba derramando se lo hizo notar al maestro. Este respondió: "Igual que esta taza, tú estás tan lleno de ideas y opiniones propias que no te queda espacio para recibir ningún conocimiento nuevo. Si deseas experimentar la verdad, primero has de vaciar tu taza".

Devoción o Idolatría

Son ya muchos los maestros tibetanos que vienen dando avisos sobre lo pernicioso de una comprensión incorrecta acerca de la relación con el gurú o maestro. El propio Dalai Lama nos advierte del peligro de "ver al lama como un ser totalmente omnisciente cuyos actos y palabras son perfectos". Peligroso, en el sentido de que, fácilmente nos puede llevar al "culto a la personalidad" ¿Dónde termina la verdadera devoción al maestro y empieza este culto? Nos deberíamos preguntar con sinceridad si este culto entraba en los planes de Buda y revisar nuestra actitud. En el supuesto de que ya tengamos un maestro preguntémonos ¿me relaciono con mi lama o maestro como debería hacerlo o he creado un ser ficticio producto de mis muchas fantasías y proyecciones con las que adorno el término lama?, ¿si imputo tantas fantasías sobre el maestro, podré comunicarme realmente con él?

Un ejemplo como muestra que, por supuesto, no ha sido extraído de ningún sutra, pero nos ilustrará al respecto. En una ocasión un estudiante muy devoto estaba tomando un té junto a su maestro y otro estudiante cuando, de repente, se apagó la luz de la habitación. El otro estudiante se dio cuenta enseguida de que la bombilla se había fundido y se levantó para cambiarla. Entonces el maestro sugirió que quizá el fallo estaba en el enchufe. Ante esta afirmación, el estudiante devoto exclamó "si el lama lo dice, el problema debe estar en el enchufe y no en la bombilla, él es un ser especial y debe saber porque lo dice". Sin embargo, el otro estudiante no hizo mucho caso y cambió la bombilla de todos modos. Cuando se hizo la luz en la habitación, el estudiante "devoto" no supo que responder.

Ver al maestro como a un ser iluminado, como dice Gueshe

Tamding en *Joyas del Budismo,* es una *técnica* para hacernos avanzar en el sendero. Pero esto encaja, sobre todo, dentro de la práctica tántrica basada fundamentalmente en la devoción al gurú. Pero esta visión del maestro como la personificación misma de un buda no puede abarcar todas las actividades de la vida en las que nos relacionamos con él. El maestro es un ser humano y debemos tratarle como tal, todo el respeto es poco hacia quien nos enseña el Dharma, pero siempre debe reinar el sentido común en la relación con el maestro. Él lo sabe todo acerca del progreso espiritual, pero no es electricista, ni adivinador. Tomemos el peso de todos nuestros actos apoyándonos en el Dharma, no tratemos de desviar la responsabilidad de nuestras propias vidas en las espaldas del maestro. Es incluso injusto para el lama quien se desvive por la salud espiritual de sus estudiantes, pero no tiene capacidad para dirigir el timón de sus vidas.

Hagamos caso del consejo que nos da el Dalai Lama en *La Esencia del Oro Puro* "Sigue a tu Maestro, pero siempre dentro de las normas de la razón".

El estudio y el desarrollo interno

El budismo en general y el tibetano en particular están enraizándose de manera lenta pero segura en suelo occidental integrándose en culturas ajenas y "aparentemente" opuestas a la práctica budista. Pero como se ha visto a lo largo del texto, la filosofía budista está más allá de cualquier cultura, aunque para saborearla es muy importante extraer y aprovechar lo que es esencial y dejar de lado el envoltorio cultural con el que nos viene. El gran Maestro tibetano contemporáneo Dagyab Rimpoché, dijo en unas enseñanzas en Menorca, "No practicamos budismo tibetano para vivir o pensar como los tibetanos, sino para llegar a la Iluminación". Para saber diferenciar lo que es esencial de lo que es cultural es importante conocer el budismo y para ello el estudio es imprescindible.

Uno de los malentendidos clásicos que impide una comprensión correcta de lo que es el budismo es la arraigada creencia de que el estudio no es necesario para practicar meditación o conocer la mente. Queremos, casi exigimos, una experiencia directa que proporcione paz inmediata a nuestras ajetreadas vidas. Estamos convencidos de que el uso de nuestra mente conceptual no es necesario…tememos caer en la intelectualización.

Bien mirado, no es nada extraño que esto ocurra aquí, pues incluso en países de arraigado sabor budista como el antiguo Tíbet muchos propagaban esta idea, a todas luces errónea, y basta con repasar citas de los grandes Maestros de las cuatro tradiciones budistas tibetanas para encontrar referencias sobre la necesidad de enfatizar el estudio del Dharma si uno desea progresar.

El estudio empieza con la actividad de escuchar enseñanzas de personas capacitadas para transmitirlas. El triple proceso de escuchar, contemplar y meditar no debe menospreciarse si uno quiere saborear el néctar de la enseñanza de Buda. El gran Dromtompa solía decir: "Cuando escucho, contemplo y medito; cuando contemplo, escucho y medito y cuando medito, escucho y contemplo".

Para poder dejar de lado el pensamiento conceptual o el uso del intelecto, hace falta tener la habilidad de entrar en profunda meditación pero uno no puede meditar, sin antes comprender el objeto de meditación y esta comprensión la proporciona el escuchar y contemplar instrucciones. El objetivo de escuchar enseñanzas, no es otro que el de acceder a significados correctos de todas las etapas del camino a la Iluminación. Sólo cuando uno tiene acceso a estos significados tiene algo en lo que meditar. Meditar constantemente, familiarizar la mente una y otra vez con estos significados procedentes de nuestra contemplación, es el camino que nos lleva a la experiencia o percepción directa. Lama Tsong Khapa cita en su Lam Rim Extenso a Sakya Pandita que decía a este respecto que intentar llegar a la experiencia directa sin escuchar y contemplar es como pretender escalar una montaña sin brazos. Sencillamente, imposible.

De ahí la importancia para nosotros, budistas primerizos, de usar todo nuestro poder conceptual e intelectual para pensar y reflexionar en la enseñanza de Buda.

En los libros de Gueshe Tamding Gyatso, como en muchos textos budistas clásicos, suelen aparecer los *encabezamientos,* que son como un resumen de la enseñanza en cuestión. ¿Para qué sirven? Para ordenar y tener la esencia del texto en nuestro interior. Una vez memorizados los encabezamientos de un texto podemos usarlos para adentrarnos más y más en el mismo, hecho que favorece un mayor control de nuestra mente pues enriquecen la práctica de la meditación, sin necesidad de recurrir al texto continuamente.

En las escrituras se dice "Evita ser como un recipiente con un agujero o como un recipiente boca abajo". Memorizando, guardando la enseñanza en nuestro interior evitamos que ésta se pierda. También se dice "Evita ser un recipiente sucio", dando a entender que es necesario escuchar con una motivación correcta y con el respeto adecuado, con un espíritu crítico pero receptivo y libre de interpretaciones personales cortadas a la medida de nuestras conveniencias.

Hoy día existen cientos de teorías que aseguran un crecimiento personal del individuo, la mayoría de estas teorías carecen de linaje y vienen experimentándose desde hace muy pocos años. Aunque para muchos habrán sido de gran ayuda, es necesario establecer un criterio fundamentado en el sentido común para no dejarse arrastrar por cualquier corriente nueva. Es decir, la persona interesada en evolucionar espiritualmente ha de discernir entre lo superficial y lo profundo y no dejar que sus conceptos recientemente adquiridos alteren una enseñanza que tiene más de 2500 años de historia. Hay personas que, con muy buena fe, piensan que algunas nuevas tendencias podrían mejorar la enseñanza de Buda hacerla más accesible o más atractiva. No se dan cuenta de lo arriesgado que puede resultar alterar algo que con tanto celo se ha guardado a lo largo de los siglos.

No en balde el mismo Buda Maitreya en uno de sus famosos textos dice lo siguiente. "En este mundo no hay nadie más hábil que el Buda porque su mente omnisciente percibe todo objeto de conocimiento sin excepción; por tanto, deberíamos practicar todo lo que el Buda enseñó, si imponemos nuestras propias interpretaciones u omitimos algo, estaremos destruyendo el budadharma".

Escuchar con atención, retener lo escuchado y no ser un recipiente sucio, se dice muy fácil, pero conseguirlo lleva toda una vida.

En definitiva, el peligro de no apreciar la necesidad del estudio para crecer en el conocimiento del Dharma, puede atrofiarnos espiritualmente. Asistir a las enseñanzas es relativamente entretenido, pero meternos de lleno en ellas y hacerlas nuestras depende sólo de la voluntad y esfuerzo que pongamos en ello.

Sobre las diferentes escuelas o linajes

El budismo tiene muchas escuelas diferentes en los diversos países de procedencia. En particular, en el Tíbet han coexistido durante siglos cuatro escuelas predominantes, la nygmapa, la sakyapa, la kagyupa y la guelupa. Seríamos demasiado inocentes si pensáramos que todas coexistían sin sus rivalidades académicas o políticas, pero es indiscutible que todas ellas han producido grandes seres realizados y ello demuestra que las cuatro tenían métodos capaces de llevar a la Iluminación.

Sin embargo, ahora que estas escuelas están llegando a occidente, existe el peligro de que los nuevos budistas nos concentremos en las posibles diferencias existentes entre ellas, creando conflictos y división. A lo largo de su historia el Budismo se ha caracterizado por la tolerancia, sería un error pernicioso caer en actitudes partidistas. No hace mucho le oí decir a alguien "Yo quiero ser Sakyapa porque Buda también lo era, de ahí su nombre SAKYAmuni" estas frases, ponen en ridícula evidencia a quien la pronunció pues demuestra su ignorancia al respecto. Pero, esta divertida anécdota nos pone en sobre aviso del peligro de crear situaciones de tirantez si alguien pretende que su escuela es mejor que las demás.

Obviamente, cuando alguien ya sigue un sendero espiritual, debe estar plenamente convencido de que es el mejor, pero recordando en todo momento que "es el mejor para él". Esta apertura mental, basada en el respeto está más en consonancia con la actitud tradicional budista, tolerante y compasiva.

Sin embargo, tampoco es conveniente, para evitar el sectarismo, abrirse a todas las escuelas porque la consecuencia podría ser, en muchos casos, un coctel explosivo de propia invención.

Es bueno buscar en todas las tradiciones, pero, una vez

encontrado el sendero que mejor se adapte a nuestra manera de ser no debemos apartarnos de él, si deseamos progresar. Todo parece indicar que ésta era la manera común de practicar en Tíbet. Los monasterios sakya preservaban sus enseñanzas, su manera de hacer y lo propio hacían las demás escuelas. Gueshe Tamding en sus muchas enseñanzas aconseja estudiar según una de las escuelas y añade que cuando se conoce un sendero en profundidad se conocen los demás. ¿Cómo conocer profundamente una escuela o sendero en occidente con la vida ajetreada y el poco tiempo que tenemos para dedicar al estudio y práctica? Es obvio que no lo conseguiremos si nuestra energía está dispersa y vamos corriendo espiritualmente de un lado a otro.

El sectarismo es muy sutil, podemos caer en él al sentirnos por encima de los demás si pertenecemos a una escuela concreta, pero existe un sectarismo peor que se produce al ir de una tradición a otra en nombre de una supuesta apertura espiritual. Thinley Norbu, gran Maestro nygmapa en su libro *The White Sail* señala lo siguiente en relación a los linajes:

Hay gente que estudia Dharma sin aprender de verdad sus muchos y diferentes aspectos, van picoteando de un lado a otro y aunque no tienen una noción clara ni siquiera de una sola tradición, usan expresiones pomposas referentes a su no sectarismo. En vez de crear un rio prístino que alimente y cure su mente, la transforman en un estanque de confusión apestosa y la mantienen durante toda su vida, confundiéndolo con el estado del no sectarismo.

Y termina diciendo:

Quien piense que es maravilloso aceptar todas las tradiciones espirituales sin poner en práctica ninguna de ellas, no extraerá beneficio alguno por culpa de su falta de compromiso, es como un bebé que intenta coger muchas estrellas por la noche sin atrapar ni una".

En lugar de caer en extremos -ser fanáticos de una escuela y despreciar las demás o no llegar a profundizar en ninguna por falta de compromiso- quizá deberíamos optar por una tercera vía, seguida por la mayoría de los lamas. Desde un profundo respeto por todas las demás, especializarnos en un solo camino. Un sendero puro es aquel que se sigue sin ánimo de despreciar a otras escuelas, ni enfrentarse a otros Maestros. Si nuestra escuela o Centro se convierte en un gueto espiritual en el que "los de aquí, son puros y van por el buen camino mientras que el resto no llegarán a la Iluminación" estaremos provocando una tensión innecesaria que puede transformar el néctar del Dharma en un veneno destructor.

La Iluminación

Hemos visto a lo largo del libro que la meditación, el progreso espiritual y el estudio no son posibles sin esfuerzo y perseverancia, basado en el sentido común. Pero el fin que perseguimos lo merece, todos nuestros esfuerzos están dirigidos a un máximo objetivo: la perfección total, el estado de Buda: la Iluminación.

La razón por la que mucha gente tiene dudas acerca de la posibilidad de llegar a la Iluminación es el no saber lo que realmente significa ser un buda. La dificultad radica básicamente en que los budas y los seres conscientes ordinarios son totalmente diferentes.

Pero por medio de razonamientos es posible acercarnos a esta comprensión. En realidad, existen tres tipos de objetos de conocimiento: objetos evidentes, objetos ocultos y objetos muy ocultos.

Para comprender *los objetos evidentes* no es necesario hacer uso alguno de la razón pues los vemos, olemos o tocamos diariamente.

Los objetos ocultos son aquellos que, al no ser evidentes a nuestros sentidos físicos, requieren del uso de la inferencia o deducción. Por ejemplo, estamos en el interior de nuestra casa y oímos un ruido particular en el cielo, y sin error podemos afirmar que está pasando un avión. No vemos el avión directamente, no es un objeto evidente, pero podemos asegurar con certeza que está ahí afuera. Hemos usado un signo, el ruido, para deducir con exactitud la existencia de un objeto no evidente.

Los objetos muy ocultos, sin embargo, son aquellos que no podemos comprender ni siquiera por medio de estos signos. Tenemos que fiarnos del conocimiento de seres sabios, como el propio Buda. El funcionamiento de algunos aspectos sutiles del karma es imposible de ver y tampoco el raciocinio puede demostrarlos. Pero el estudio profundo de las enseñanzas del Buda hará que los comprendamos, porque la mente omnisciente abarca todo lo pasado, presente y futuro; en consecuencia, todo lo que un ser Iluminado enseñe no puede llevar a nadie a engaño porque es fruto de su clarividencia.

La razón por la que nos cuesta aceptar la ley de causa y efecto o la reencarnación -a pesar de que tenemos incluso testimonios fiables- es no creer en los objetos ocultos y muy ocultos. Nos afirmamos sólo en aquello que vemos, sin darnos cuenta de que para que algo exista, no es necesario que lo perciban nuestros ojos. Según el budismo hay muchos más universos parecidos al nuestro, sin embargo, ponemos en duda que en ellos vivan otros seres. Después de todo no es tan extraño y ellos seguramente dudan de nuestra existencia también, pero que ellos duden no significa que nosotros no existamos.

En este momento nuestra mente es impura, pero esta situación no es fija y permanente; la podemos transformar. Hay muchos métodos para hacerlo y cuando valiéndonos de estos métodos, lo hayamos logrado nos convertimos en budas o seres iluminados. Al mismo tiempo que la mente, el cuerpo también se purifica y transforma así como el medio ambiente en el que vivimos. Si comprobamos los muchos métodos existentes en las enseñanzas para depurar la mente, no tendremos duda alguna de la existencia de los budas y la posibilidad de la Iluminación para nosotros mismos.

El buda de nuestro tiempo, Shakyamuni, al principio de su desarrollo espiritual era como nosotros, un ser ordinario, sin embargo gracias a su esfuerzo se transforma en un buda;

si nosotros seguimos en la rueda de la existencia es por culpa de nuestra propia pereza. En realidad el obstáculo principal está en nuestro interior porque, si lo buscamos, encontramos tiempo para estudiar y practicar, tenemos acceso a los consejos de personas capacitadas y, sobre todo, tenemos nuestro potencial humano.

Buda Maitreya expone en sus enseñanzas que todos los seres conscientes tienen el potencial necesario para convertirse en seres iluminados. Hay varias razones que lo demuestran: Todo ser posee la semilla de buda, y todo ser puede poner en práctica los métodos para acceder a la Iluminación.

¿Qué es la semilla de buda? Para expresarlo de una manera sencilla, es la mente raíz muy sutil que todo ser posee. Sin embargo, en estos precisos instantes se encuentra recubierta de obstáculos, como un cielo cubierto de nubes. Si las nubes se despejan, el azul del cielo brillará; del mismo modo si los engaños que recubren nuestra mente muy sutil, son eliminados, nuestra mente se transforma en la de un ser iluminado. Maitreya compara también esta semilla de buda con un diamante cubierto de mugre que, a pesar de estar sucio, posee la naturaleza de una piedra preciosa. Lo asemeja también a un tesoro enterrado, aunque esté bajo tierra su valor es incalculable. Mi Maestro Gueshe Tamding Gyatso en su comentario al *Rosario de Joyas* de Atisha compara la semilla de buda a la luz de una bombilla recubierta de suciedad, razón por la que no brilla en su máximo esplendor.

Todas las enseñanzas theravada, mahayana y tantrayana, en realidad son métodos para ayudarnos a limpiar, a despejar y desalojar toda obstrucción de nuestra mente muy sutil.

Adiestrándonos en el *Arte de Meditar* con entusiasmo, alegría y buen corazón es definitivo que descubriremos esta joya que yace en el interior de cada uno de nosotros.

Ediciones Amara
Apartado de correos 995
07760 Ciutadella
Menorca
www.edicionesamara.com

Ediciones Amara pone a tu disposición estas joyas del pensamiento budista tratadas con el mayor rigor por sus autores. Ediciones Amara ofrece en todos sus libros formatos de gran calidad. Recomendamos la recopilación de todas nuestras obras, cuidadas y selectas, pues componen una pequeña enciclopedia del budismo más puro que se va ampliando y enriqueciendo con cada nuevo título.

CURSO DE ESTUDIO DEL BUDISMO

Todos los seres conscientes desean experimentar una felicidad que no tienen, han de enfrentarse con el malestar y la insatisfacción. Ello es debido a los engaños mentales. El Buda nos da su mensaje, el budismo, con el deseo de ayudarnos a ser capaces de superar la fuente del malestar que no es otra que nuestra mente engañosa. Si nos implicamos en la práctica budista escuchando, contemplando y meditando, sin duda alguna nos podemos librar, tanto del sufrimiento como de sus causas. Por esta razón es importante comprender el significado del Dharma. Atender de vez en cuando a las enseñanzas de diversos maestros o leer un par de libros budistas no es suficiente para extraer su significado. Por el contrario, seríamos como un niño mirando las diferentes pinturas en un templo.

Dado que es difícil comprender el significado completo del Dharma, es esencial poner al alcance del estudiante interesado un curso de estudios similar al sistema general de educación que existe en todo el mundo. El estudio debería incluir la memorización de los diversos textos raíz -las divisiones del tema en cuestión en forma de resumen- así como preguntas y respuestas. Durante años he impartido profundas enseñanzas en Menorca, tanto de sutra como de tantra. Basándome en las instrucciones de grandes maestros budistas y eruditos de la India y del Tíbet he dado en ellas lo mejor de mi conocimiento. El estudiante principal de este lugar, Isidro Gordi, traductor que posee tanto perseverancia como sabiduría ha recopilado, traducido y preparado mi obra en forma de libros. Estos libros constituyen un legado para las futuras generaciones de españoles interesados en practicar el budismo sinceramente.

Yo, Gueshe Tamding Gyatso, rezo para que estos libros ayuden a eliminar la oscuridad de la ignorancia dejando a la luz las infinitas cualidades de la mente.

Gueshe Tamding Gyatso. Agosto 1993. Ciutadella de Menorca

Muchos de los practicantes budistas occidentales se enfrentan a menudo con el hecho de que a pesar de acudir a numerosos cursos y recibir Iniciaciones carecen de un sistema para hacer encajar correctamente cada enseñanza en el lugar que le corresponde y evitar así un "batido" a menudo difícil de digerir.

Puesto que las enseñanzas recibidas no tienen entre sí un hilo conductor que las una, se pierden en la mente aunque procedan del más cualificado de los Maestros. No en vano los tibetanos a lo largo de la historia han ido perfeccionando un sistema de estudio gracias al cual hoy tenemos acceso a las enseñanzas del Buda en toda su pureza.

El Curso de Estudio del budismo que ofrece la *Escuela Laica de Budismo y Meditació*n pretende humildemente ofrecer al estudiante un mapa que le ayude a progresar espiritualmente. Aunque el curso incluye textos de diferentes autores, se basa principalmente en las enseñanzas del prestigioso Gueshe Tamding Gyatso, cuyo saber y compasión eran ilimitados. Siendo, como era, uno de los Gueshes más respetados que ha vivido en Europa, el rigor y la autenticidad de sus enseñanzas tanto de sutra como de tantra están garantizados.

Este curso está ideado para formar una unidad compacta de textos y aunque no es imprescindible abordarlos siguiendo un orden específico es recomendable hacerlo según la clasificación que se encuentra en www.escuelalaicadebudismoymeditacion.es

Si deseas recibir más información sobre el Curso de Estudios:
edicionesamara@gmail.com
www.escuelalaicadebudismoymeditacion.es

www.ingramcontent.com/pod-product-compliance
Lightning Source LLC
LaVergne TN
LVHW010648200726
843507LV00011B/1779